本书是国家社会科学基金项目“基于自媒体的女性参与赋能机制研究”
（项目批准号：18BXW084）阶段性成果

当代中国女性公共参与意识培育

THE CULTIVATION OF CONTEMPORARY CHINESE

WOMEN'S

PUBLIC PARTICIPATION AWARENESS

杨霞 著

社会科学文献出版社
SOCIAL SCIENCES ACADEMIC PRESS (CHINA)

摘 要

女性公共参与意识培育是女性不断获得主体性、增强权利意识的过程，也是女性的行动影响公共决策和权利维护的过程，还是女性的民主能力建设的过程，更是不断展现女性群体力量的过程。女性公共参与意识的培育和发展，实质是女性与国家社会关系的重构过程，是经济社会发展与女性自我意识发展的综合性过程。

从思想政治教育的视域研究当代中国女性公共参与意识的培育，是深入解读马克思主义妇女观的重要内容，是全面建设法治社会的题中应有之义，不仅有助于完善现代思想政治教育的内容体系，推动思想政治教育的现代转型，而且有助于丰富中国特色社会主义妇女理论。从实践层面上看，女性公共参与意识培育研究可以为提升思想政治教育研究的现实有效性提供很好的个案证明，也有益于提高女性公民的公共参与意识，形成推动社会发展的合力，并进一步落实男女平等基本国策，促进性别和谐，推进社会民主进程。

本书以马克思主义妇女解放理论和中国特色社会主义妇女理论为指导和分析框架，借鉴社会性别理论和社会学、心理学的相关理论，在国家与妇女互动同构的研究理念下，从动态发展的角度来考察女性公共参与意识培育。研究认为我国女性公共参与意识发展的历程就是中国共产党领导下的妇女运动史。女性公共参与意识的启蒙、进步与觉醒是伴随着女性运动史奋争、解放与发展形成的，二者如影随形，紧密相连。中国共产党从成立之日起，就把领导和组织妇女运动作为其思想政治教育工作的重要内容。新民主主义革命时期，中国共产党动员广大妇女群众把自身政治权利的实现与民族解放、阶级解放相结合，参与到反帝反封建的民族民主运动中，催生了女性的参与意识。新中国从制度和法律上确立了男女平等的社会地位，女性公共参与意识在“被解放”的动员型语境下被广泛激发，虽然层次不高，但是为女性自主参与意识的觉醒打下了实践基础。改革开放为广大女性的全面参与创造了前所未有的良好环境，国家的制度安排使女性在政治、经济、文化、社会各个领域由“缺席”向“在场”转变，女性的公共参与意识逐步实现真正的觉醒，参与意识和参与能力大大提高，自主参与的广度和深度都有所增强。这一时期是中国女性在“社会性”解放基础上“女性意识”和“主体意识”觉醒的转折时期。

回顾我国女性公共参与意识培育的历程，之所以能取得长足的发展，在于坚持中国共产党的正确领导和马克思主义理论的科学指导；在于围绕不同时期的中心任务侧重不同培育主体，突出培育的层次性；在于不仅坚持把媒介宣传和文化教育相结合，而且注重发挥理论研究的支撑力；还在于充分重视妇女组织的强大作用，积极参与国际妇女活动。

随着社会转型期的深入，经济全球化、政治多极化和文化多元化的到来，女性公共参与意识培育和发展面临许多新情况、新挑战。经济转型发展中还存在性别歧视，政治领域中的参与尚有较大性别差距，先进性别文化的建构任重而道远，对女性的社会保障也有真空地带，生态文明建设中的性别盲点也一直存在。要破解这些现实困境，需要国家、社会、学校、家庭等各方协调一致，同时女性自身还要充分发挥主体性。具体来讲，第一，以制度正义保障女性民主参与的权利，确立将性别意识纳入决策主流的价值导向，完善保障女性权益的法律体系，加强性别平等参与的监督机制。第二，用科学的社会舆论引导并强化女性的参与观念，坚持马克思主义妇女发展观为本，同时吸收我国的优秀传统文化和国外性别文化的优秀成果，宣传与研究并重，逐层推进大众文化场域的建构。第三，充分发挥国民教育在公民身份建构中的主体作用，将性别平等教育渗透到基础教育的方方面面，把社会性别意识融入高校思想政治教育全过程。第四，营造平等和谐的家庭氛围，通过家庭教育的言传身教达成参与意识的启蒙。第五，引导女性树立主体意识，充分发扬“自尊、自信、自立、自强”的奋斗精神，提升自我，形成主动参与的思想境界和文化素养。

Abstract

The cultivation of women's public participation awareness is not only a process in which women continuously gain a more solid subjectivity and enhanced rights awareness, but also a process to build democratic capability and manifest the power of women as a group. In essence, the cultivation and development of women's public participation awareness is the reconstruction of ties between women and their country and society, as well as a comprehensive develop course in economy, society and women's self awareness.

Studying on the cultivation of contemporary Chinese women's public participation from the perspective of ideological and political education is a major part of in-depth interpretation of Marxist outlook on women and an integral component of the building of a rule of law society in an all round way. It not only facilitates to perfect modern ideological and political education, which can be shifted into modernity, but also helps to enrich socialist women's theory with Chinese characteristics. In terms of real practice, a research on the cultivation of women's public participation awareness can provide valuable cases to enhance effectiveness of ideological and political education. At the same time, it generates the awareness of women's public participation awareness, forming a united power to promote social development, so as to further implement the basic national policy of gender equality, enhance gender harmony and drive the course of social democracy.

The development of Chinese women's public participation awareness itself is a history of women's movements under the leadership of the

Communist Party of China. The emergence, progress and awakening of women's public participation awareness are closely intertwined with the endeavor, liberation and development of women's movements. Since the founding of the Communist Party of China, leading and organizing women's movements have been a major part of the Party's ideological and political education. During new-democratic revolution, the Communist Party mobilized women to combine their own interests with national and class liberation, to participate in national democratic movements against imperialism and feudalism, thus fostering women's participation awareness. Since the founding of the People's Republic of China, gender equality has been adopted into law. Therefore, women's public participation awareness, though not at a high level, was activated extensively under the context of "being liberated", laying practical foundation for women's voluntary participation consciousness. Since the Reform and Opening Up in 1978, an unprecedented favorable condition has been created for women's participation in an all round way. The national institution enabled women to shift from "absent" to "present" in such fields as politics, economy, culture, and other social sectors, making it a gradual genuine awakening of women's public participation awareness. With a remarkable enhancement of participation awareness and capability, and a great expansion of the scope and depth of women's voluntary participation, this period marked a transition for "women awareness" and "subjectivity awareness" on the basis of "socialization".

A review on the nurturing process of Chinese women's public participation awareness demonstrates that the reason for this substantial development lies in the wise leadership of the Communist Party of China and the scientific guidance of Marxism, in the different cultivation subjectivities and layers in different development phases. It is also the result of the combination of media publicity and cultural education, which is supported by theory research. On top of that, the importance attached to women's organizations and proactive participation in international women's activities also plays a role.

With further social transition and the advent of economic globalization, political polarization and cultural diversity, cultivation and development of women's public participation awareness are faced with new situations and challenges, including gender discrimination in economic transition, gender gap in political sphere, distance from advanced gender culture, vacuum zone in women's social security and gender blind spots in eco-civilization. To address these problems, coordination among country, society, schools and families is needed, while individual's subjectivity should be fully exerted. To be specific, first of all, righteousinstitutions should be set up to secure women's rights in democratic participation, establishing value orientation to adopt gender awareness into mainstream decision making. Secondly, it is essential to guide and strengthen women's participation awareness by promoting scientific public consensus and innovation in theory construction. We should adhere to Marxist women's outlook as the core, while absorbing traditional Chinese culture as well as achievements of foreign gender cultures. Publicity and research carry equal weight so as to advance the construction of mass culture's field and domain. Thirdly, schools' significant role in constructing citizenship of schools needs to be given full play. Gender education, which should be integrated into ideological and political education in universalities, can be touched upon across the board of education. Fourthly, it is crucial to build a harmonious family culture, through which daily conversations and model behaviors enlighten initial participation awareness. The last but not the least, we should guide women to build subjectivity and fully demonstrate the enterprising spirit featuring "self-esteem, self-confidence, self-supporting, and self-improvement", thus reaching the ideological state and cultural merit of active participation.

目 录

CONTENTS

导　论

一　研究的缘起

参与是积极主动的介入与参加，高效有序的公共参与是现代社会的重要特征。培养公民的公共参与意识是中国特色社会主义民主政治建设的本质要求，是实现人民当家作主的重要途径。相信群众、依靠群众、发动群众广泛参与是党的思想政治教育工作的优良传统。尤其是党的十七大以来，多次以“群众参与”“公民有序政治参与”“参与权”“公众参与度”“社会参与”等不同的表述形式强调广泛参与的重要性和扩大有序参与的必要性。党的十八届四中全会报告《中共中央关于全面推进依法治国若干重大问题的决定》专门就建设法治中国做出全面部署，强调要“依法维护人民权益、维护社会公平正义”，“保障公民经济、文化、社会等方面权利得到落实”。女性公民占到我国人口的半数，性别公正是社会公正的基础部分，女性公民的参与水平和权利保障程度是衡量法治中国建设水平的一个重要标尺。没有女性公民的全面充分参与，就不可能真正实现中国特色社会主义民主政治。没有女性的发展进步，也就没有全社会的和谐进步。而与男性相比，女性公民的参与和发展面临更多的束缚和困境，所以，培育女性的公共参与意识，提高女性的公共参与能力，就是加快整个社会的法治进程。为此，习近平总书记2015年9月27日在纽约联合国总部主持全球妇女峰会时，特别重申承诺为促进男女平等、保障女性全面参与，着力从四个方面将性别视角纳入社会发展的各个领域：第一，推动妇女和经济社会同步发展；第二，积极保障妇女权益；第三，努力构建和谐包容的社会文化；第四，创造有利于妇女发展的国际环境。这既是中国政府对国际社会的庄严承诺，也是国家最高领导层对推进女性全面参与的重申。

从中国共产党各个时期的工作路线和方针政策来看，党一直把女性群体作为革命和建设不可替代的基本力量，特别重视针对女性群体的特殊性制定专门的工作路线。党的十八大还首次将男女平等基本国策写入党的报告中，强调“坚持男女平等基本国策，保障妇女儿童合法权益”，特别提出要“重视培养选拔女干部”。这些重要文献的论述充分说明了党对女性公共参与的特别关注。党的历任领导人都非常重视女性的平等参与问题。2010 年胡锦涛在纪念“三八”国际劳动妇女节 100 周年大会上强调：“必须坚持广大妇女的主体地位。妇女是决定自身命运的基本力量，也是决定妇女运动发展的基本力量……只有充分尊重广大妇女的主体地位，把广大妇女的积极性、主动性、创造性最充分地调动起来，把广大妇女的智慧和力量最大限度地凝聚起来，我国妇女运动发展才能具有最坚实最可靠的基础。”① 2011 年，习近平在妇女与可持续发展国际论坛开幕式上的致辞中指出：“妇女是推动人类文明进步的伟大力量……中国将继续坚持男女平等，努力发展妇女事业，积极为妇女平等依法行使民主权利、平等参与经济社会发展、平等享受改革发展成果创造条件。中国将继续加大工作力度，切实保障妇女合法权益，促进妇女就业创业，提高妇女参与经济发展和社会管理的能力……妇女事业与经济社会协调发展、

① 《纪念“三八”国际劳动妇女节 100 周年大会在北京举行》，《人民日报》2010 年 3 月 8 日。

妇女与男性平等发展和妇女自身全面发展。”这段致辞明确地指明了党和国家对女性公共参与的总体要求，把女性平等参与国家公共事业的重要性提到一个历史的新高度。[①] 2013年，习近平在中南海同全国妇女新一届领导班子成员集体谈话并发表重要讲话，要求妇联组织“把党的主张转化为广大妇女的自觉追求和实际行动”，“把中国发展进步的历程同促进男女平等发展历程更加紧密地融合在一起”，并再次重申坚定不移走中国特色社会主义妇女发展道路是“实现妇女平等依法行使民主权利、平等参与经济社会发展、平等享有改革发展成果的正确道路”。[②]

从国际社会的发展来看，在全球化进程日益加快的今天，提高妇女地位，加强女性参与日益受到世界各国的重视。随着中国与国际社会的联系日益密切，国际交流合作日益加深，在国际妇女运动的持续努力推动下，近几十年来，联合国系统逐渐将女性参与纳入议事日程，不仅就保证女性平等的参与权利和机会提出要求，而且倡导各国制定专门的政策措施推进女性的公共参与。妇女地位的高低是衡量一个国家社会文明程度的重要标志，而妇女公共参与的程度尤其是妇女参政水平也成为联合国衡量一个国家社会发展和性别平等的核心指标之一。提升女性公共参与的发展水平对提升我国的国际形象、进一步提高我国的国际影响力具有极为重要的标志性意义。

由此可见，保障女性全面参与既是推进全面依法治国的题中应有之义，也是党和政府整合社会力量、统筹国内国际大局的重要一环。深刻领会全面依法治国的内涵，树立高度自觉的主体意识，全面参与

① 习近平：《在妇女与可持续发展国际论坛开幕式上的致辞》，《人民日报》2011年11月9日。

② 《坚持男女平等基本国策 发挥我国妇女伟大作用》，《人民日报》2013年11月1日。

中国特色社会主义经济建设、政治建设、文化建设、社会建设和生态文明建设，既是女性自身全面自由发展的基本前提，也是建设法治社会的内在要求。

目前我国女性的公共参与还不够充分，公共参与意识还比较薄弱。在政治参与上，女性面临许多瓶颈问题，还存在不容乐观的消极倾向。在公共政策中，性别歧视问题还比较突出。在新闻传媒中，人们还是传统地认为女性应该立足于家庭，消费女性的现象屡见不鲜。在就业过程中，女生仍然面临更多的性别屏障……这些都使女性的公共参与意识表现出一定的反复性和波动。为此，研究当代中国女性公共参与，探讨“公共参与意识”这一于参与主体最具革命性的核心因素，不仅是必要的，也是重要的。

马克思说：“人们的意识，随着人们的生活条件、人们的社会关系、人们的社会存在的改变而改变。”[①] 女性的公共参与意识也随着女性生产实践、社会生活条件而改变。百余年以来，我国女性的公共参与意识已经实现了历史性的转变。女性群体的自我意识逐步确立，主体意识渐趋觉醒，竞争意识和成功意识也日渐萌发。但是，随着改革开放的进一步深化，尤其是市场经济的发展和全球化进程的加快，作为弱势群体的女性始终面临着比男性更为复杂的参与环境、更为严峻的参与困境和更为暗淡的参与前景。已有的许多调研结果几乎毫无例外地表明了女性参与意识的不理想状况，许多女性把公共管理的“大事”刻板地定位在男性，把自己的参与范围更多地局限于家庭，即便是身在高层的女性管理者也不一定为女性的参与增能赋权，身在高校的高知女性也不一定具有平等参与的意识。那么，为什么女性在许多公共领域的参

① 《马克思恩格斯文集》（第2卷），人民出版社，2009，第50页。

与意愿还是不高？到底怎样才能全面激发和培育女性的公共参与意识？既然思想政治教育是专门研究培养“人”的思想意识的学科，能否为当代中国女性公共参与意识的培育提供更为深入的理论阐释和破解之道呢？

“思想政治教育是一定的阶级、政党、社会群体用一定的思想观念、政治观点、道德规范，对其成员施加有目的、有计划、有组织的影响，使他们形成符合一定社会、一定阶级所需要的思想品德的社会实践活动。”[①] 人是思想政治教育的对象。思想政治教育以促进人的自由而全面发展为根本目的，“建设人本身”是实现思想政治教育的本质、目标和价值的内在意蕴，“建设人本身”必须克服“道德人”“经济人”“工具人”的局限，按照人的属性实现人的物质与精神、政治与道德、生理与心理等方面的全面发展，使人真正成为具有完整人格的人。人是思想政治教育的前提和核心要素，这“既是马克思主义思想政治教育的理论观点，也是中国共产党思想政治教育的实践理性和基本精神”[②]，更是国家进行国家统治和社会管理的重要手段。人的自由全面发展是思想政治教育的根本目标，人的思想观念是思想政治教育的直接对象，而“每个人的自由发展是一切人的自由发展的条件”[③]，女性群体占人类总数一半，研究其思想观念、意识形态必然是思想政治教育学研究的基本课题。江泽民指出：“党的思想政治工作，从根上说就是做人的工作，做群众的工作，涉及人们的思想、观念、意识等领域，也就是人们的精神生活。”[④] 转变女性的思想观念，提高女性的思想觉悟，完善女性的品质，优化女性的思维结构，促进女性的身心

① 张耀灿、陈万柏：《思想政治教育学原理》，高等教育出版社，2001，第4页。

② 孙其昂：《思想政治教育学前沿研究》，人民出版社，2013，第149页。

③ 《马克思恩格斯选集》（第1卷），人民出版社，1995，第294页。

④ 《江泽民文选》（第3卷），人民出版社，2006，第76页。

健康，等等，都是思想政治教育的内容构成。把这些研究课题置于“现代性的全球化”背景下来看[①]，面对西方发达国家的文化危机，以及我国在现代化进程和全球化进程中所呈现的价值争论和文化冲突，这些思想政治教育研究中的基本课题必须从传统定位中解放出来，不仅要关注女性作为“道德人”“政治人”的维度，更要关注女性作为“社会人”的维度。也就是说，更加注重研究女性作为参与者怎样以良好的精神面貌服务于社会主义建设，研究如何形塑女性的思想观念来协调女性自身、女性之间、女性与男性、女性与自然、女性与社会等之间的关系，实现内心和谐、自身发展、人际和谐和社会和谐。

基于上述思考，本书以女性公共参与意识培育为主题，对现代思想政治教育框架下中国女性公共参与意识培育进行深入的探究和思考，以期为公共参与的实践突破和依法治国的全面推进提供借鉴，也为思想政治教育的现代性转向进行一些探索性的研究尝试。

二　研究当代中国女性公共参与意识培育的理论价值和现实意义

研究当代中国女性公共参与意识培育，不仅具有丰富的理论价值，而且具有重要的现实意义。

（一）理论价值

系统研究中国女性公共参与意识培育，可以在理论上完善现代思想政治教育的内容体系，助推现代思想政治教育研究的现代转型，同时丰富中国特色社会主义妇女发展理论，为全面建设法治社会提供理论参考。

首先，有助于完善现代思想政治教育的内容体系，推动思想政治

① 衣俊卿：《现代性的维度及其当代命运》，《中国社会科学》2004 年第 4 期。

教育的现代转型。思想政治教育是公民社会教育的一部分，社会变化决定了思想政治教育的变化。改革开放以来，随着社会转型的日益深入，思想政治教育不断改革创新，以适应社会环境、对象需要和自身工作的需要。从这个意义上讲，思想政治教育学科内容的系统化、科学化不仅是思想政治教育研究不断发展的内在动力，也是社会转型给思想政治教育研究提出的必然要求。当今时代，经济全球化和网络信息化将世界广泛联系，我国正处于全面深化改革发展的重要时期，“统筹社会力量、平衡社会利益、调节社会关系、规范社会行为”是协调发展要处理好的关键问题，为此，充分调动、团结广大人民群众参与改革发展的主动性和积极性就成为当代思想政治教育的时代命题。在这个命题中，公共参与既是思想政治教育现代转型的方法，也是思想政治教育现代转型的结果。社会和谐是中国特色社会主义的本质属性，公平正义是全面建设法治社会的原则之一。努力实现两性和谐发展、共同发展、平等发展并为两性创造同等宽广的“人类潜能空间”，是“以人为本”的内在要求，是实现人的全面发展的基本体现。因此，把女性公共参与纳入思想政治教育的研究范畴，细分参与主体，深入研究包括女性公共参与意识在内各个社会群体的参与意识、参与方式，也是现代思想政治教育“以人为本”的体现，这不仅能充实思想政治教育的内容，进一步丰富思想政治教育的理论，而且能促进思想政治教育的思维转型和方法转型，有助于思想政治教育研究更好地应对现实问题，更有效地推动人与社会的和谐发展，促进社会主义民主法制建设。

其次，有助于丰富中国特色社会主义妇女理论。从思想政治教育的视阈研究中国女性公共参与意识的培育，是深入解读马克思主义妇女观的重要内容，是全面建构中国特色社会主义妇女理论的题中应有之义。马克思主义基本原理及其妇女解放理论是中国妇女解放与发展的理论基础，是中国共产党领导妇女运动的指导思想。中国妇女运动所得的历史性成就关键就在于坚持党的领导，坚持马克思主义妇女观的正确指导。在全面建成小康社会、建设法治社会的伟大时代，加强中国特色社会主义妇女理论建设，开展中国特色社会主义妇女理论研究是一项崇高的历史使命。从理论基础、文化根源、历史考察和现实境遇来深入研究中国女性公共参与意识的发生、发展，梳理过往实践中的成功经验，探索当下进一步发展推进所面临的问题和挑战，并据此提出破解现有参与困境的中国路径，构建有中国特色的女性公共参与意识培育机制，对中国特色社会主义妇女理论的丰富和发展无疑是一种有益的研究尝试。

（二）现实意义

理论的有用性取决于理论在多大程度上促进了现实的改善。从实践层面上看，女性公共参与意识培育研究可以为提升思想政治教育研究的现实有效性提供很好的个案证明，也有益于进一步落实男女平等基本国策，保障女性群体的全面参与，助推全面依法治国的实现。

首先，为提升思想政治教育研究的现实有效性提供个案证明。长期以来，思想政治教育因其教育内容的官方化、教育方法的传统化而备受争议，思想政治教育到底有多大的现实意义也时常困扰着研究者。女性公共参与问题是一个关乎社会公正的民生问题，也是一个关乎社会和谐的发展问题。关注占人口半数的女性如何更好地参与到我们社会生活的方方面面，提升其有效参与公共事务的意识和能力，这样的“改造思想”的研究对提升整个社会的管理水平和生活质量都大有裨益。从思想政治教育的视角研究女性的公共参与，这种来源于时代和现实的问题研究将会很好地证明思想政治教育研究的现实有效性，提升思想政治教育研究的科学性。

其次，有利于增强女性公民的公共参与意识，推进社会有序发展。提升女性的公共参与意识是社会进步与文明的必要环节。研究女性公共参与意识的培育，可以更好地了解女性在公共参与中面临的困境和问题，为这种困境的改观提出理论依据和现实参考，有利于提升女性公民的公共参与意识，保障女性群体的全面参与，形成助推经济社会发展的合力。

最后，有助于进一步落实性别平等，促进社会和谐，全面建设法治社会。女性充分参与是实现性别平等的重要环节和必要步骤。男女平等是我国的基本国策，也是我国对国际社会的郑重承诺，被纳入政府的发展纲要，并在党的十八大上首次写进了党代会报告。但从基本国策到现实权利，我们还需要在实际操作层面做出努力。本研究有助于提高女性全面参与的实效性，对于落实性别平等、促进社会和谐具有深远的现实意义。

三　核心概念界定

（一）参与

参与，也作“参预”或“参豫”，《辞海》解释为“预闻而参议其事”。《汉书·齐悼惠王刘肥传》中有“终古使所爱奴与八子及诸御婢奸，终古或参与被席”。《晋书·唐彬传》说：“朝有疑议，每参预焉。”《三国志·吴志·朱桓传》有言：“是时全琮为督，权又令偏将军胡综宣传诏命，参与军事。”在西方文化中，“参与”源自拉丁语“participare”（participatus），与“participate”相对应，多出现在政治思想和学说著作中。可以看到，中外最早都是从政治方面来定义参与的，参与和政治参与的内涵是一致的。

（二）公共参与

关于公共参与，目前学界还没有统一的界定。较为普遍的是将公共参与视为一种社会活动，通俗地讲，公共参与就是公民参与社会公共事务的决策和管理。

从现有的文献看，使用“公民参与”和“公众参与”相对比较多，与“公共参与”联系密切。政治学一般使用“公民参与”，主要从公共政策、公民权利和参与效力等三个角度来观照。从公共政策视角来看，公民参与是公民通过一定的途径参与政治活动，并试图影响公共政策制定的行为。如陈庆云认为，“公共参与就是在公共政策决策中，政府相关主体通过允许、鼓励利害相关人、普通公民及公民团体就政策所涉及的与其利益相关或者涉及公共利益的重大问题，以提供信息、表达意见、发表评论、阐述利益诉求等方式参与到公共政策决策中的过程”。[①] 从公民权利视角来看，公民参与就是公民资格、权利与义务通过公民的参与行动得以体现。如参与理论的先驱 Sherry R. Ernestin 认为，公民参与是一种公民权利的运用，是一种权力的再分配，使目前政治、经济等活动中无法掌握权力的公众，其意见在未来能有机会列入考量。[②] 从参与效力视角来看，公民参与是为了实现公共利益、凸显公民的精神追求和公民资格，无论是作为个体的公民，还是作为团体的公民，其介入公共事务的行动以不干涉公民个人自由为界限，以遵守现存的宪政制度为原则，以关系公民个人切身的地方性公共事务为基础，以全国性公共事务为补充。[③]

“公众参与”是近年来社会科学领域诸多学科较为关注的热点问

---

① 陈庆云：《强化公共管理理念 推动公共管理社会化》，《中国行政管理》2002 年第 2 期。

② 戴烽：《公共参与——场域视野下的观察》，商务印书馆，2010，第 8 页。

③ 吴昕春：《公共选择与公民参与集体行动的动力》，《安徽大学学报（哲学社会科学版）》2002 年第 5 期。

题，研究者在使用这个概念时赋予的内涵不尽相同，而且即便是在同一学科内部“公众参与”的意涵也不是统一的，“没有一个政治概念像‘公众参与’一样在近几年的中国政治话语和学术中那样流行，而使用又是那样模糊混乱”[①]。公共管理领域对“公众参与”的研究相对比较集中，认为公众参与是社会成员对公共管理中各种决策及其贯彻执行的参与，是对社会的民主管理。

综合来看，研究者基于学科视域的不同对各种的“参与”概念表述各有侧重，但对核心特质的界定具有一定的共同点。第一，公共参与的主体一定具有公民资格，可以是普通公民个人，也可以是公民团体或公民组织。第二，参与领域上主要是公共事务。狭义上的公共事务偏重于政治性事务，广义上的公共事务则包括政治、经济、文化和社会生活等各个方面。第三，参与的目的都是影响某一公共事务或公共政策的决策，进而促使公共利益的实现和公共事务的良好解决。所以，在具体表述中，一部分学者将公民参与、公共参与和公众参与三个概念等同看待，最具代表性的是俞可平。他在《公民参与的几个理论问题》中给公民参与做了如下定义：“公民参与，通常又称为公共参与、公众参与，就是公民试图影响公共政策和公共生活的一切活动。”[②] 也有学者认为，虽然三种表述同指对公共事务的参与，但仍有细微差别。戴烽对它们的差别进行了分析，他认为，公民参与和公众参与这两个概念更侧重从公共参与主体的角度进行界定，而“公共参与”在认同公民的参与主体资格的同时，又从参与范围上进行了界定。同时，公共参与“不仅指公民对涉及自身利益活动的被

① 蔡定剑：《民主是一种现代生活》，社会科学文献出版社，2010，第177页。

② 俞可平：《公民参与的几个理论问题》，《学习时报》2006年12月18日。

动参与，更多地是指对涉及公共利益的活动的主动介入”[①]。正是在这个意义上说，本研究采用公共参与这一概念。

本研究认为公共参与是具有公民意识的个体在公共领域进行的社会实践活动，即公民作为行为主体，为了维护公共利益，促进社会公益，通过各种合法途径，关注公共问题，主动介入公共事务，表达利益诉求，影响公共活动及公共决策的社会行为。虽然参与政治生活和政治决策是公共参与的核心内容，但除了政治性参与外，公共参与还包括经济、文化、社会等领域的非政治性参与，比政治参与指涉的范围更广。

（三）公共参与意识

参与意识是公民意识的重要组成部分，是人们关于参与的知识、态度、评价和心理等的总称。目前还没有专门明确界定公共参与意识的研究，郑州大学公民教育研究中心的研究认为，公民参与意识是“公民以一种主人翁的心态，有序地参与管理国家事务和社会事务的意识，公共参与意识是指公民以一种主人翁的心态积极参与公共生活的意识”[②]。公共参与意识是公共参与行为的内在驱动力，参与意识越强，越容易实施公共参与行为。在本研究中，很难通过量化方法对女性群体的整体参与意识进行测量和评估，而参与行为比较容易观察到，为此笔者主要通过参与行为来推断参与意识，而且推断的合理性从权威调查数据得到了部分印证，基本是可信的。

从心理学对意识的解析来推论，公民的参与意识是指公民参与集体、国家以及社会各项活动的知识、态度、评价和心理等的总称。其中，参与知识是指公民通过教育和实践活动而获得的参与认知，它是

① 戴烽：《公共参与——场域视野下的观察》，商务印书馆，2010，第10页。

② 秦树理、王东虓、陈垠亭：《公民意识读本》，郑州大学出版社，2008，第183页。

参与意识形成的基础；参与态度是公民参与活动的意愿和看法；参与心理是参与意识的内在制约因素，是有关参与的心理反映。参与知识是意识形成的基础，参与心理是参与意识的内在制约因素和心理反映，参与态度是参与的意愿和看法。参与意识是公民意识实现的内在要求。参与意识发展不仅是静态的内容扩充和数量增长，而且是从接受观念、提供信息、达成共识、发挥效用到自我管理的动态过程。①

综合以上的逻辑路线，本书所论述的女性公共参与意识培育是女性不断获得主体性、增强权利意识的过程，也是女性的行动影响公共决策和权利维护的过程，还是女性的民主能力建设的过程，是不断展现女性群体力量的过程。女性公共参与意识的培育和发展，实质是女性与国家社会关系的重构过程，是经济社会发展与女性自我意识发展的综合性过程。具体到当下我国全面建成小康社会的现实语境，女性公共参与意识即作为社会主义建设者的女性主体自觉自愿地有序参与社会主义政治、经济、社会、文化、生态建设的认知、心理及态度，以及在此过程中女性自我意识的发展。

（四）公共参与意识培育

所谓培育即培养教育，意指通过一定的教育影响使某种情感、认识或者技能得到发展，强调教育者的能动性，本研究的落脚点指向公共参与意识培育就是要强调思想政治教育者通过系统而全面的教育影响作用于人们的思想观念，达到改造人的精神世界的效果。正如马克思所说："人们的意识，随着人们的生活条件、人们的社会关系、人们的社会存在的改变而改变。"② 思想观念形成和改变是长期的、艰

① 杨林香：《青年参与意识研究（1949—2014）》，社会科学文献出版社，2015，第2页。

② 《马克思恩格斯文集》（第2卷），人民出版社，2009，第50页。

巨的过程，知识的传播、理念的生成和意识的觉醒仅靠口头说教和思想灌输是不够的，必须通过家庭熏陶、学校养成逐步浸染渗透，内化于心，外化为行，通过实实在在的政策落实、制度建设和个体的社会实践改变、提升自身的认识，并在群体中互相影响，形成燎原之势，进而推动整个社会群体的意识觉醒和观念提升，促进人类社会的文明和进步。

需要特别说明的是，本书所谈的公共参与意识专门指向了当代中国女性，而不是全体公民，并不是认为男性的公共参与意识不需要培育，也不是因为女性完全没有公共参与意识。而是由于当代中国女性的主体意识还不够，公共参与意识相对较弱，对公共政策的影响力相对不够，尚未发挥其应有的作用。而女性的参与又具有特别重要的社会意义和决策价值，因此专门研究女性的公共参与意识培育就具有了独特的理论价值和现实意义。

事实上，已有研究表明，经济、社会、政治地位和受教育程度一般与主体在公共事务中的活跃程度和参与效能呈正相关性。也就是说，公共参与意识的强弱与参与主体的经济地位、社会地位、政治地位和受教育程度等都存在一定的正相关性。而且，公共参与意识具有历史性，与民族、性别、阶层等都有密切的关联，存在复杂的影响作用。可以说，社会阶层的影响大于性别的影响，性别内的差异大于性别间的差别。这是本书之外另一个值得深入探讨的研究课题。

四　女性公共参与意识培育研究述评

（一）国外相关研究

国外没有与我国“思想政治教育”完全等同的概念，但有“公民教育”“道德教育”“政治教育”等意义相近的概念范畴与实践领域。国外学者关于政治教育、公民教育等的研究散见于政治文化、政治理论的探讨中。而女性参与作为西方女权主义理论和实践的重要内核一直贯穿于女性主义理论发展中，可以说，西方国家关于女性公共参与的研究与女权主义运动的发展如影随形。作为近代资产阶级启蒙运动为争取平等、自由一部分的女权运动的兴起是西方女性主义政治理论的开端，而后不断觉醒的女性主义者先后掀起了三波女性主义运动，女性主义政治理论在这个过程中不断发展、丰富并趋于成熟。始于 19 世纪前后的第一波女性主义运动被冠以自由主义、女性主义，其主要运动目标是为白人中产阶级和上流社会的女性进入公共的和文化的领域争取教育权和选举权，他们认为女性与男性一样有理性，国家应该以同样的方式平等地对待男女两性。尽管男女两性存在天然的生理差别，但他们在社会性上是一样的，通过教育和训练，二者都可以成为公民。在历史上，女性一直没有享受到与男性同等的权利。玛丽·沃斯通克拉夫特和密尔都挑战女性是非理性的这一假设，认为女性应该获得外出就业的选择权，成为有选举权的公民。但她们只要求承认公领域中两性平等，并未挑战女性在私领域的传统角色，更没有把矛头指向根本性的西方政治理论和政治制度。斗争的成果是在法律文本中确认了女性有选举权。这无疑是人类历史上一次巨大的进步，女性在公共领域中的平等参与权终于在法律上得以确立。这一时期代表性的著作有孔多塞的《论妇女的公民权》（1790）、玛丽·沃斯通克拉夫特的《女权辩护》（1792）和穆勒的《妇女的屈从地位》（1869）。

到 19 世纪六七十年代，第二波女性主义运动兴起，西蒙娜·德·波伏娃的《第二性》成为最具代表性的论著。“女人不是生成的，而是养成的”旗帜鲜明地反对性别本质主义，强调社会文化对女性的形塑作用。除了要求平等的公共领域参与权之外，开始倡导“个人的就是政治的”，主张将政治延伸到私人领域。女性的参与意识进一步被唤起，女性的基本权利在社会舆论层面上受到尊重，也在更多的国家获得立法保障。20 世纪 80 年代末以来，第三波女性主义开始借用解构主义的理论解构二元论的理论框架，提出政治学和性别的相互重叠并不是仅仅停留在政治领域中增加女性的数量这一表面层次上，而是在政治理论提出的各边界和二元解构的更深层次上。① 女性主义学者盖顿斯评论说，尽管政治参与一直以排斥女性身体的方式来建构和界定，但女性在身体上没有多少不适合参与政治的特征。如果是这样，那争取女性进入现行体制的斗争就会适得其反，除非在斗争的同时对排除女性身体的做法进行分析，如今人们依然根据这种排斥女性身体的思维来界定国家及其运行构架，根据这种方法思考并维持其他的存在方式。②

在女性主义政治理论的指引下，研究者对女性公共参与进行了比较深刻的理论思考。当然，这里的公共参与主要是政治参与，间或包含一些经济参与和文化参与。主要观点有以下几个方面：第一，政治社会化理论。认为女性的低政治化是导致成年后不具备某些适合参政的特质和能力的主要原因；荷兰的杰里米·马亚和希瑟·斯克米德通过国际比较，对中国、日本、墨西哥和美国四国的初中生观察发现，女孩对政治参与的价值判断与男孩相差无几，四个国家参政的性别差异很小，但他们仍然认同政治是男人之事。第二，资源论。认为女性因社会资源和政治资源的匮乏，导致在政治参与中处于弱势；加利福

① 〔加〕巴巴拉·阿内尔著《政治学与女性主义》，郭夏娟译，东方出版社，2005，第 351 页。
② 〔加〕巴巴拉·阿内尔著《政治学与女性主义》，郭夏娟译，东方出版社，2005，第 298 页。

尼亚大学的肯特·詹尼斯通过对中国四个村庄的调查分析，重点探讨了改革开放后的中国农村因教育、体制和性别的社会分工等导致的两性政治参与的差异。荷兰的汤杰则通过随机抽样的调查方法，比较分析了两性在政治参与中的差异。调查发现，社会经济地位较高的女性不仅相对于社会经济地位较低的女性，而且对于比自己社会经济地位较低的男性，都更多地投身政治。第三，角色冲突论。强调女性因家庭与工作双重角色引起的冲突而在参政形态上有明显的边缘性和业余性。美国学者法瑞娜·班丽在《女性政治参与的问题与挑战》一文中也归纳了影响女性政治参与的五大因素，即性别角色的观念形态，公共政治对女性的排斥，社会文化对女性生产、再生产的期待，经济资源的匮乏，社会资本和政治能力的欠缺等。[①] 第四，结构论。强调政治体制与权力结构上的限制对女性政治参与所产生的障碍。美国学者杰克·维斯特等在其编著的《经济和社会转型中的中国妇女》一书中分析了中国的政治改革对女性政治生活和政治地位的影响，尤其是20世纪80年代干部人事制度的改革对女性参政的冲击。澳大利亚学者李木兰研究了20世纪80年代以来的政治经济改革中，对女性参政保障制度的废除带给女性权利领域参与的缺失。伦敦政治经济学院的祖德·豪厄尔教授在《努力撑起中国女性参政半边天》一文中重点探讨了至21世纪初，中国的权力领域仍然由男性主宰，女性继续处于边缘化的地位，自新中国成立以来的国家女性主义虽极力支持女性政治地位的提升，但在改革开放后因经济建设的负累而暂时无暇给予提升女性政治地位更多的关注。在他的另一相关研究中，分析了实行村民选举以来，女性在村级治理结构中政治参与水平持续走低的原

① 转引自李晓广《当代中国性别政治与制度公正》，南京大学出版社，2011，第10页。

因，认为社会实践、经济结构、制度规范和社会文化都对中国女性政治参与带来不利影响。

（二）国内相关研究

我国对女性公共参与的理论关注始于近代社会的急剧变革和西方女权思潮的强大冲击，且主要以女性的政治参与和平等教育权利的获得为对象，研究内容散见于有关妇女问题的论著中，专题性论著鲜见。早期的代表性论述主要有金天翮在其论著《女界钟》（1903）第七节论述了“女子参与政治”问题，把“男女平权”作为女性参政的基础。五四运动后，中国的一些男性知识分子开始尝试以马克思主义性别观研究中国女性与政治问题。如李大钊的《妇女解放与Democracy》和《现代的女权运动》，李达的《女子解放论》，陈独秀的《妇女问题与社会主义》等文章，集中探讨了妇女参政的法律资格，参政的意义，参政与教育、职业、经济的关系等，但研究不够深入，缺乏理论性与系统性。从中国共产党成立到新中国成立前的这个历史阶段，中国共产党把马克思主义妇女观与中国妇女运动的实践相结合，从民族解放、阶级解放和妇女解放之间关系的角度，发表过关于妇女政治权利和政治参与的论述性文章。大部分内容散见于《中国妇女运动文献资料汇编》（1927—1949）、《中国妇女运动重要文献》、《毛泽东、周恩来、刘少奇、朱德论妇女解放》和《毛泽东主席论妇女》等史料中。

对当代女性公共参与的理论研究主要集中于改革开放之后。在20世纪80年代，那个被称为启蒙和争鸣的时代，改革开放带来的体制转型和女性参政保护制度的后撤，导致权力领域女性的人数滑坡，从而引起学界和政界的关注。女性知识分子群体的主体意识和参与意识不断增强，对女性政治参与的内容、实质、比例、途径及其优劣势的现实问题研究蜂拥，但更多地停留在现象的描述，缺乏系统性和理论性。1995 年第四次世界妇女大会在北京召开，受世妇会的推动和国际女权运动的影响，理论界的研究蓬勃发展，关于女性参与尤其是女性政治参与的研究进入了一个高峰期，有价值的研究成果不断增多，且从多层次、多角度综合运用了女性学、人类学、社会学和心理学等方面的知识和方法，研究内容也得到了广泛的拓展和深化。比较有代表性的是全国妇联妇女研究所理论室编著的《妇女参政导论》（1993），王行娟的《中国妇女参政的行动》（1995），李银河的《女性权力的崛起》（1997）。21 世纪以来的研究理论上更为深入，视野也更为开阔。从这一时期开始，女性参与的研究视角真正从政治参与转向了公共参与，这种思维方式的转变“意味着研究者已认识到仅从经济发展水平、传统性别观念影响以及妇女个体的素质与能力角度，不足以解释各种性别不平等现象，而从制度与结构层面更能反思性别制度与各种性别不平等现象之间的关系”①。主要的研究专著有欧阳洁的《女性与社会权利系统》（2000），李慧英的《社会性别与公共政策》（2002），梁旭光的《民主政治进程与妇女参政》（2003），李英桃的《社会性别视角下的国际政治》（2003），邱仁宗主编的《女性主义哲学与公共政策》，周颜玲等主编、王金玲等译的《全球视角：妇女、家庭与公共政策》（2004）等。这些专著用逻辑和历史相统一的方法从社会学、哲学、政治学等视角来探讨女性在公共参与中的现状、问题，把女性的参与提高到社会全面发展和民主政治完善之必然要求的高度。

1995 年北京世界妇女大会以后，有关女性公共参与的学术论文也

① 王金玲主编《中国妇女发展报告 No. 5——妇女/社会性别学学科建设与发展》，社会科学文献出版社，2014，第 246 页。

如雨后春笋般涌现。女性的政治参与成为最受关注的热点问题之一，大致来看这一时期的研究主要探究了妇女的政治素质、文化知识、政治心态、经济条件、社会环境、法律制度等，几乎所有的研究无一例外地提到女性参与意识的重要性和关键作用，对如何培育和提高女性的参与意识大多点到为止，没有深入解析。十七大以来，随着国家对公民参与的倡导，学界对公共参与进行了更为广泛的研究探讨。

从中国知网的载文情况来看，以“公共参与意识”“参与意识”“政治参与意识”为主题对中国知网收录的期刊文献进行模糊检索，共检索到1995—2018年期刊论文676篇，发文趋势如图0－1所示。

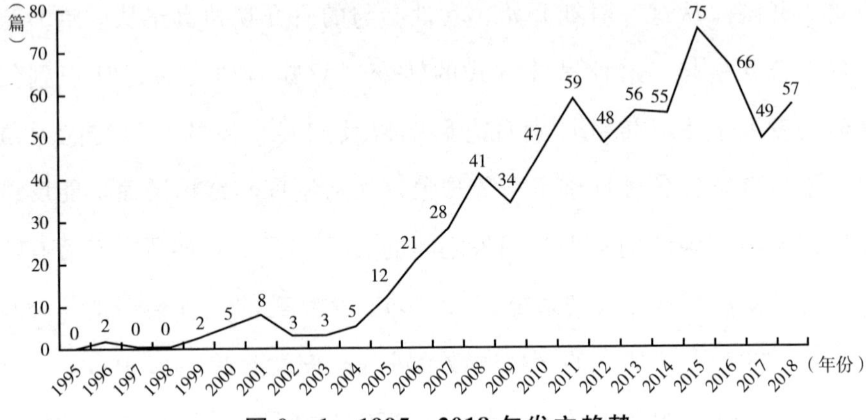

图0－1　1995—2018年发文趋势

梳理这些文献可以发现，目前对公共参与意识的研究主要集中在公共参与不足的影响因素分析、培养公共参与意识的途径、网络公共参与的现状和规范等方面，从具体参与领域来讲，政治参与仍然是最受关注的焦点领域，关注的研究对象群体主要有大学生（青年群体）、农民（包括农民工）、女性、知识分子等。运用Citespace软件对检索文献进行关键词分析，绘制出这一时段公共参与意识研究的关键词聚类知识图谱，与文本整理具有一定的一致性。

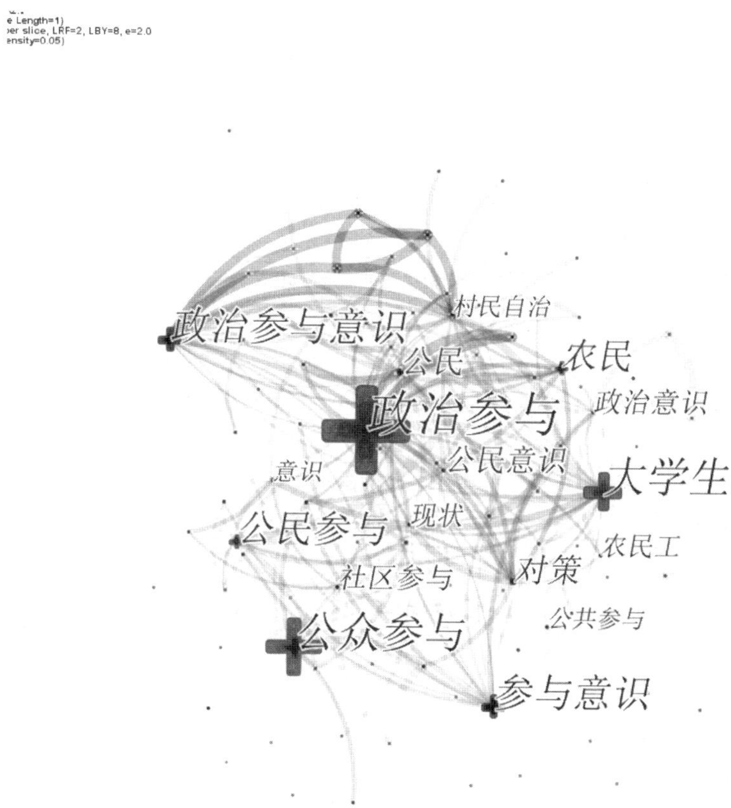

图 0－2　1998—2015 年公共参与意识研究的关键词聚类知识图谱

从模糊搜索文献中最终过滤出关于女性公共参与意识培育的文献19 篇（见表 0－1）。

表 0－1　关于女性公共参与意识培育的文献

题名	刊名	发表时间
《性别意识视角下的中国女性政治参与意识研究——基于 CGSS2010 数据中湖南样本的经验发现》	《湘潭大学学报（哲学社会科学版）》	2018
《女大学生政治参与的问题与对策研究》	《山东青年政治学院学报》	2017

续表

题名	刊名	发表时间
《让农村妇女撑起政治参与“半边天”——我国农村妇女政治参与现状与原因探析》	《中国集体经济》	2016
《高校知识女性政治参与意识调查研究——基于山西省7所高校的调研》	《天津师范大学学报(社会科学版)》	2015
《我国农村妇女的政治参与及其提高路径分析》	《河北经贸大学学报(综合版)》	2012
《流动经历与农村女性政治参与研究——基于湖南省5县(市)529名农村女性的实证研究》	《社会主义研究》	2012
《浅析当代中国女大学生的政治冷漠现象》	《法制与社会》	2012
《民主政治视野下农村妇女政治参与意识问题探析》	《石河子大学学报(哲学社会科学版)》	2011
《农村妇女参与村民自治的现状与影响因素分析——以河北省农村为例》	《广东农业科学》	2009
《传统性别文化视角下的妇女参政》	《船山学刊》	2008
《性别棱镜透视下的女村官政治参与——基于福建省的实证分析》	《中共福建省委党校学报》	2007
《关于都市职业女性政治参与意识及其影响因素的实证研究——对上海市职业女性的抽样调查》	《理论与改革》	2007
《农村留守妇女问题与新农村建设》	《湖北经济学院学报(人文社会科学版)》	2007
《古罗马妇女的社会参与意识》	《广州大学学报(社会科学版)》	2007
《妇女 NGO 与农村妇女参与意识》	《中华女子学院学报》	2006
《妇女在村民自治中的参与和角色嬗变》	《和田师范专科学校学报(汉文综合版)》	2006
《社会性别与政治参与研究——女性主义政治学研究方法反思》	《华南师范大学学报(社会科学版)》	2005
《临沂市农村基层民主建设中的妇女参与问题》	《临沂师范学院学报》	2005
《欠发达地区村委会选举中的妇女参与问题——以宁夏固原市、隆德县、彭阳县为例》	《宁夏社会科学》	2005

如图0-3所示，对以上19篇文本进行关键词聚类分析，可以看到以往对女性公共意识的研究中，“政治参与意识”“女性参政”“村委会选举”“政治生活”“性别文化”“参与状况”“影响因素”“性别意识”“参政意识”“妇女干部”“社会性别”“政治冷漠”“政治素质”等关键词出现频率较高。这说明目前对女性公共参与意识的研究主要集中在政治参与领域，更多关注妇女干部，也就是关注直接的政治参与。

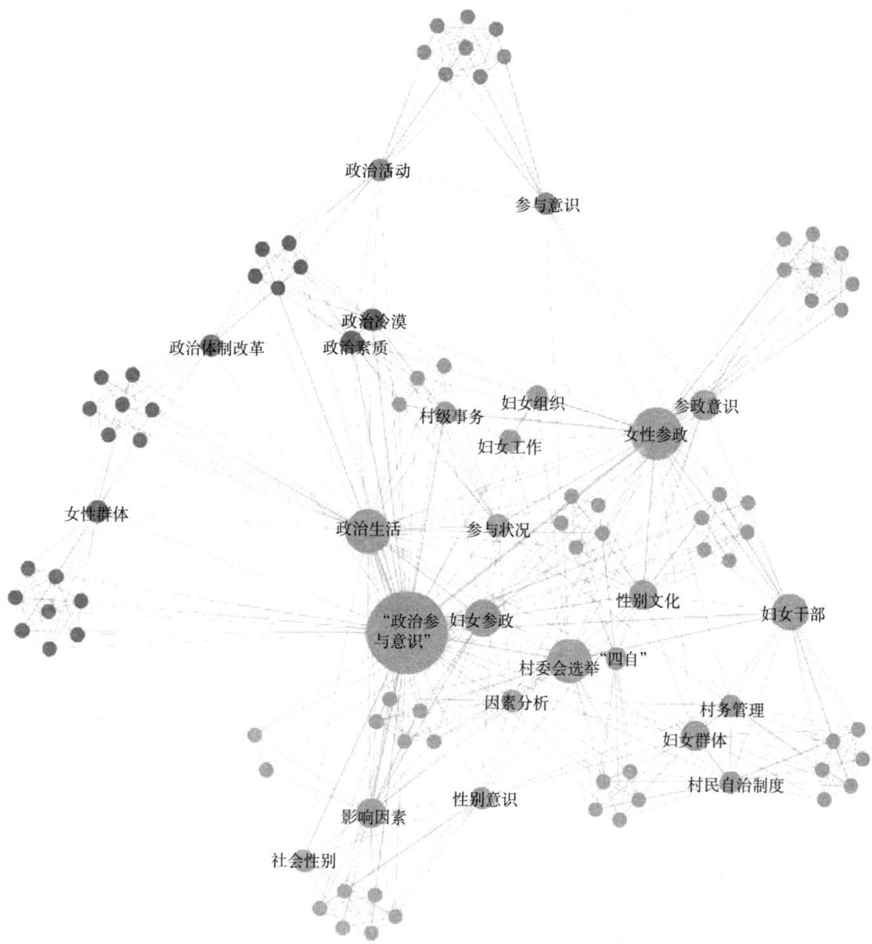

图0-3 19篇文献中出现频率较高的关键词

值得一提的是，近年来对公共参与研究的硕博论文持续增多，以“女性”与“公共参与意识”“参与意识”“政治参与意识”为主题进行组合对中国知网硕博论文进行模糊检索，共检索到硕博论文346篇，发文分布如图0－4所示。

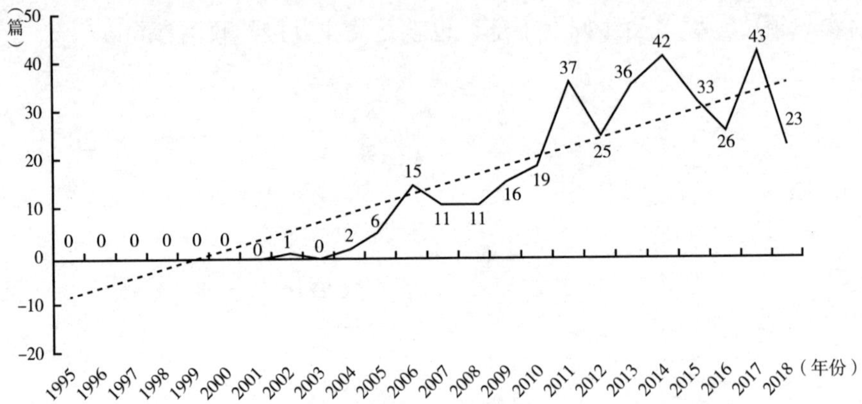

图0－4　公共参与研究领域相关的硕博论文数量

这些学位论文从新闻学、行政管理学、政治学理论、社会学、思想政治教育等学科都对公共参与有所涉及，只是每个学科依学科特点和话语体系不同关注的角度各异。新闻学主要是从民意表达角度切入，研究微博意见领袖对公共政策的影响。政治学理论对公共参与的研究主要聚焦于公民意识的发育和政治参与引导。社会学则主要探究促进公共参与的社会支持系统。思想政治教育把研究的重点放在公共参与意识培育，一般是放在公民意识培育的框架下来谈。

运用Citespace软件对硕博论文进行关键词分析，绘制出这一时段公共参与意识研究的关键词聚类知识图谱如图0－5所示。

图 0-5 公共参与意识研究的关键词聚类知识图谱

结合文献发表时间进行关键词演进分析，图谱如图 0-6 所示。

总体来看，关于女性的公共参与意识培育尚没有直接相关的研究成果，但散见于各类论著中的零星观点仍为本文的研究提供了思维借鉴和研究基础。

（三）综合评析

通过以上对国内外文献的检视可知，西方学界关于女性参与的研究已经历经几百年，取得了丰硕的成果。1995 年北京世界妇女大会后的一段时期内，国内的学者一直在引进、消化这些理论成果，其较为成熟的理论基础、多样化的研究方法，尤其是社会性别的独特研究

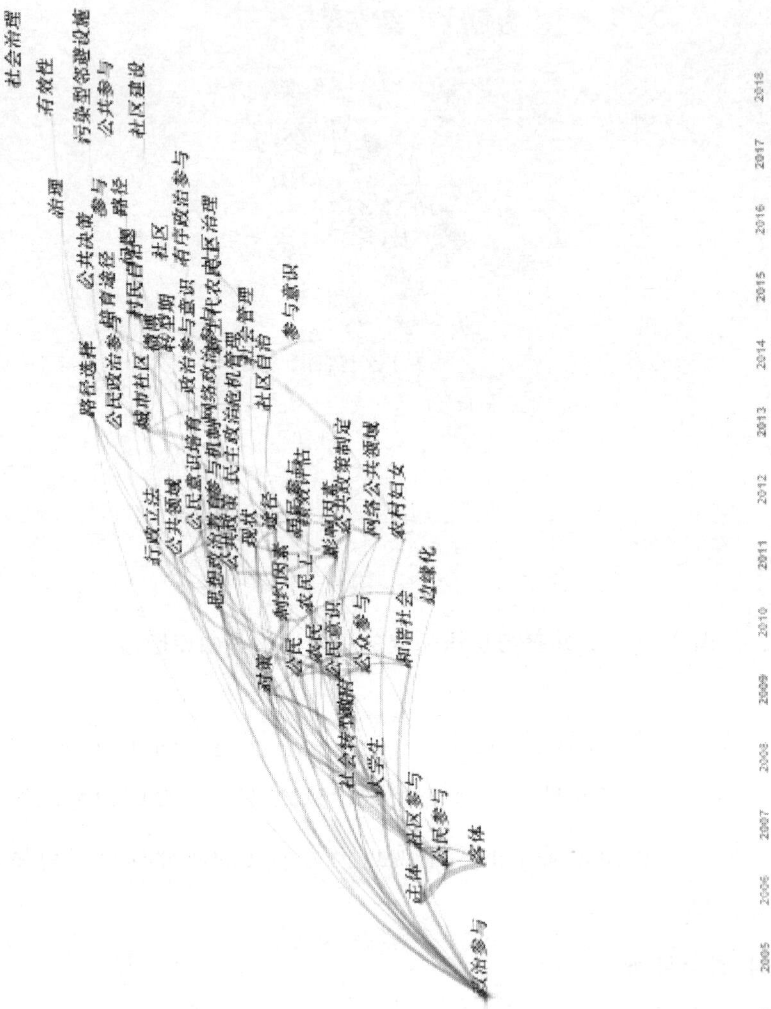

图0-6　结合文献发表时间的关键词演进分析

视角都为国内研究提供了丰富的理论素材和思想启迪。但是由于西方学者研究的理论来源和所关注的问题根植于西方的社会土壤和文化背景，如果将其直接移植到中国问题的研究上，结论往往是不能令人信服的，也是不科学的。近些年，妇女研究中出现的对西方理论的水土不服、隔靴搔痒等问题已经逐渐浮现。必须看到，国外的理论更多在制度层面上探讨女性的参与问题，而其实关于参与，尤其是参与意识、参与心理与社会心理、文化传统等非制度性因素有更为密切的关联。

国内对女性参与的关注长期以来都集中在政治参与上，近 20 年来才出现了对整个公共参与的转向，分析视角也从单纯的女性视角开始转向两性对比的视角，开始采用社会性别方法观照女性的参与问题，对女性参与意识的根源也开始追溯到社会文化上。但是现有研究存在一些明显的不足：第一，简单重复性的现状与对策研究大量存在，多为实证研究，研究中充斥着貌似科学的量化指标和数据，而为数不多的定性研究又缺乏深度的理论探索。虽然能够将女性公共参与缺失的原因最终归结为传统性别文化和文本制度以及实施机制的缺失，但没有对传统性别文化的惯性作用和制度之所以缺失做深层次的根源性分析，仅得出一些解决女性公共参与的所谓“良策”。而且在理论上习惯于简单地把西方女性主义的理论研究成果套用于中国女性参政的个案分析得出一般结论。为此，研究符合我国国情和文化传统的女性公共参与意识的培育有必要真正从中国的历史和现实出发，深入挖掘中国共产党领导下对广大妇女的思想政治教育经验，总结党的思想政治教育规律，充分认识我们的本土经验和管理优势，把女性参与意识培育的理论研究引向更高层次。第二，研究方法虽然呈现多学科的交叉，但多偏重于社会学和史学。除了运用社会学中的社会调查、心理学中的心理访谈外，从史学角度对女性政治参与的历史与现状描述过多。

而且描述的视角主要是填补女性在历史上的空白，把女性作为弱势群体，即便是对处于权力决策高层的女性参与的解读也过多地定位于"民女"，这样的定位使得对女性参与意识研究中一些关键问题的探讨陷入片面或者被遮蔽。多学科的视角和方法在研究中的整合度不高，逻辑性不强，从一个侧面体现了国内的许多研究还处于一个较肤浅的层面，研究视角和方法都有待于拓宽。特别是逻辑与历史相结合的研究方法不到位，两性参与状况对比研究的社会性别方法不充分，比较有说服力的理论分析框架尚未形成。第三，对参与意识的培育研究不足。已有研究更多关注如何理解女性的参与、参与不足的原因和表现以及如何提高参与水平。因此，更多描述的是参与缺失和向女性"赋权"的静态图景。而对于提高参与最具革命性的意识因素缺乏深入的解析，"为什么参与，为什么不参与"，背后包含着丰富而深刻的因素，必须将参与意识研究放入中国制度、文化相结合的整体性架构与宏观理论分析体系中才有可能看到全貌。而思想政治教育作为专门探讨人的思想工作、调动人的参与热情的研究领域对参与意识的研究应该更具有全面性、系统性和科学性。但是，目前思想政治教育领域尚无对此进行探讨的专门研究。正是基于上述种种研究现状中的问题，笔者拟从思想政治教育研究的视角研究中国女性公共参与意识的培育，抛砖引玉，希望能引起理论界更多的思考。

五　本书的研究思路和研究方法

（一）研究思路

本书以马克思主义妇女解放理论和中国特色社会主义妇女理论为理论指导和分析框架，借鉴社会性别理论和社会学、心理学的相关理论，按照中国共产党思想政治教育史的发展脉络梳理自近代以来各个时期的女性公共参与意识培育的基本状况，着力厘清中国共产党在历史时期动员、培育女性公共参与意识方面的方针指向、政策安排和工作路线，在此基础上，总结中国共产党培育女性公共参与意识的基本经验，探寻中国共产党在女性思想政治教育方面的历史经验，观照当代中国女性参与政治、经济、社会、文化、生态文明等各个领域的社会性条件和现实状况，分析当下培育女性公共参与意识所面临的困境，探求培育和优化女性公共参与意识的现实路径。本书的研究重点不是静态描述女性公共参与意识的内涵，而是从动态发展的角度分析女性公共参与意识培育发展的历史进程。

（二）主要研究方法

本研究主要运用以下具体研究方法。

第一，历史与逻辑相结合的方法。历史与逻辑的统一是马克思主义研究方法的核心。“所谓逻辑与历史的一致，是指理论的概念体系的逻辑顺序是客观历史发展过程的反映。因此，历史的东西是逻辑的东西的基础，逻辑的东西是历史的东西在理论思维中的再现，是由历史的东西派生出来的。”[①] 因此，在本书的研究建构中，不仅要梳理中国共产党各个时期针对广大妇女的思想政治教育工作，同时加以理论性的逻辑分析，使逻辑和历史紧密结合。通过大量马克思主义经典著作和党的历史文献的研读和整理，较系统地揭示马克思主义妇女观在各个历史时期的理论演变，来作为女性公共参与意识的背景考察。同时通过逻辑的分析进一步揭示女性公共参与意识培育的内在特征和现实境遇，以系统阐释女性公共参与意识培育的内在机理和逻辑进路。在对理论的逻辑建构和对历史系统考察的动态发展的把握中实现

---

① 本书编写组：《马克思主义哲学》，高等教育出版社、人民出版社，2009，第283页。

历史和逻辑的辩证统一。

第二，文献研究与实证调查相结合的方法。文献研究法是考察历史和把握学术前沿的重要研究方法。本研究不仅要借助经典的理论著作，同时还需要查阅相关的历史文献，涉猎一些文艺作品，比如人物传记、电影、小说等。因为文艺作品是时代的表征，这些作品中一定会有许多女性参与意识的投射和反映，具有一定的参考价值。这些材料是建构文章思想的参考坐标，不一定都会作为参考资料体现在论文中，但却是撰写论文、厘清思路的重要背景性知识。实证调查也是本研究必不可少的，限于时间和精力，本研究利用了权威的三次妇女社会地位调查和中国人民大学中国调查与数据中心中国综合社会调查（CGSS）项目中的相关数据，同时根据需要进行了小范围的问卷调查和小规模有代表性的深度访谈。

第三，社会性别分析方法。社会性别研究作为一种方法，是指“任何把社会性别当作分析的关键范畴的理论框架或科研方法”。它着重研究两性在公、私两域中的地位和关系及其在社会变迁中的演变，既包括对男女两性在社会、政治、经济、文化等不同领域、不同的时间所从事的活动、产生的作用及所产生的社会关系的分析，也包括对男性和女性的态度、观点、看法及其对未来预期的分析。在当代女性主义学术发展了三十多年后的今天，社会性别业已成为与“阶级”“种族”并列的一种基本的分析工具和研究方法被广泛运用于人文社会科学研究。采用社会性别分析方法可以避免传统研究只从女性出发的不足，着眼于社会制度和文化建构下的两性关系，研究内容更多，视野更开阔。社会性别分析不同于传统的简单添加妇女的分析方法，也不是要建立完全独立的关于女性的知识体系，而是把性别作为与年龄、民族、种族等同一维度的分析单位，检视社会发展中的有关现象，以期更好地探究发展过程中的性别现状及其影响因素，从而了解因性别而产生的不同需求，以及因此所面临的不同的限制因素和机会。本研究在分析女性公共参与的历史镜像、现实境遇，探究培育路径的过程中，始终坚持历史与逻辑相统一的原则，将历史归纳与演绎、定性与定量、宏观与微观相结合，对各种文献资料的系统整理和解读都始终渗透着社会性别的分析方法。

第四，多学科整合的研究方法。社会学、历史学、政治学、心理学和妇女/性别研究等已就女性公共参与意识进行了多个维度的研究，取了一定的成果。从思想政治教育的学科视角来研究女性公共参与意识的培育，必须在充分借鉴相关学科的理论知识基础上全面系统地梳理女性公共参与意识培育的历史镜像，探寻培育经验和规律，做出较为全面的理论解析、现实思考和发展预测。

六　可能的创新与不足

本书的研究主要有三个方面的创新。

第一，研究视角新。在思想政治教育研究中，极少专门关注女性问题研究，也鲜有讨论公共参与意识。在妇女研究中，对女性参与的研究主要从政治学、公共管理学、社会学视角出发，而且关注政治参与居多。本书选择在思想政治教育研究的框架内立论来研究女性公共参与意识培育，无论在思想政治研究领域还是妇女研究领域都具有开创性的研究尝试。

第二，研究理念新。在全面依法治国的时代背景中，在国家与妇女互动同构的研究理念下来研究女性公共参与意识培育，既与时俱进，也避免了西方女权主义分析方法的偏激，凸显了妇女解放研究的中国路径和中国特色。

第三，分析方法新。思想政治教育研究是具有中国特色的研究领域，以前较少采用西方舶来的社会性别分析方法。本研究采用中国化了的社会性别分析方法对女性公共参与意识进行全面、系统、深入的理论研究，增加了更多对建构参与意识的社会性别文化、性别政治的考量，同时始终注意站在同为抽象“人”的基点上评价参与意识，这样的分析方法有利于产生更多维度的认识和思考。

本书的研究可能存在以下不足。

第一，需要更严格地把“公共参与”之“意识”与“公共参与”之“行为”加以区分，用更具学理化的方式对二者分而述之。意识和行为在个体身上通常是融为一体的，当二者完全一致时，从行为观照意识是可信的。但实际上，二者在一些特殊的情况下并不一致，而对这种不一致的分析恰恰更具研究价值。准确地测量和评估意识是一个很大的难点，从行为中科学提取反映意识的有效成分也是一个难点，本研究的遗憾就在于没有借助有效的分析方法完全聚焦“意识”，也没有用足够有说服力的理论抓手透彻地解剖“意识”。所以，尚须在后续的研究中提升理论分析的高度和深度。

第二，需要加入更多男性参与的实证资料作为对比，提高理论分析的科学性。有比较才有鉴别，目前女性的公共参与意识相对较弱是社会公认的，也是连续三次妇女社会地位调查数据说明了的。但是21世纪以前，尤其是改革开放以前的男女两性的公共参与意识状况都是从史料的描述性数据得来的，在对这些描述性数据的解读中难免受到研究者本人“先入为主”的理解影响，不够客观。而且研究者主要聚焦女性参与，不自觉地屏蔽掉一些男性参与的信息，不够全面。因此，未来还须补充关于男性研究的佐证材料，增强说服力。

第一章　女性公共参与意识培育研究的理论基础和思想资源

当代中国女性公共参与意识培育的最终目标就是使女性全面而自由地发展，充分参与社会主义政治建设、经济建设、社会建设、文化建设和生态文明建设。这一历史实践和战略规划不是凭空产生的，而是在一定的理论基础上借鉴相关思想产生的思想创新以及实践创新之举。

第一节　女性公共参与意识培育研究的理论基础

追根溯源，关于女性公共参与意识培育的研究一直是在妇女解放的话语体系中推进的。解放相对压迫和束缚而言，泛指推翻压迫、解除束缚，得到自由和发展。妇女解放就是解除妇女受到的束缚，使她们全面而自由地发展，在政治、经济、社会、文化等方面都享有与男性同等的参与权。马克思主义理论从本质上讲是关于人类解放，即如何实现人类自由平等的学说。妇女解放与无产阶级解放和人类解放所追求的社会公正平等目标一致，马克思主义妇女解放理论是关于妇女解放的理论体系，是马克思主义理论的重要组成部分，是由马克思主义经典作家创立，经由马克思主义后继者在无产阶级革命和社会主义建设的实践中不断丰富和发展起来的理论体系。随着马克思主义在中国的传播，中国共产党人继承和发展了马克思恩格斯和列宁的妇女解放思想，并结合具体国情，创造了中国化的马克思主义妇女观——中国特色社会主义妇女解放理论。女性公共参与意识培育的历史实践和战略发展是在马克思主义妇女解放理论的指导下形成的，因此经典马克思主义妇女解放理论以及中国共产党人的妇女解放思想是女性公共参与意识培育研究最重要的理论基础，为研究女性公共参与意识培育提供了科学指导和基本依据。

一　马克思主义经典作家的妇女解放思想

马克思恩格斯妇女解放思想是马克思主义妇女理论的理论源头。马克思主义是在无产阶级反对资产阶级的斗争中产生，伴随无产阶级革命与社会主义实践不断发展的。马克思恩格斯在论述阶级解放和人民解放的同时，揭示了人类社会历史发展中男女不平等、妇女受压迫受歧视的根源，阐释了人类解放和妇女解放的关系，妇女解放的实质、途径、条件以及妇女的地位作用等问题，创立了马克思主义妇女解放理论。列宁和斯大林领导俄国人民创建了世界上第一个社会主义国家，开辟了社会主义制度下妇女解放的新天地，把马克思和恩格斯的妇女解放理论从科学学说变为俄国无产阶级革命相伴随的社会现实，从中探索在经济文化比较落后的条件下，社会主义国家实现妇女解放的道路，为马克思主义妇女解放理论增加了新的重要思想内容和实践经验，形成了马克思列宁主义妇女解放理论，是马克思主义妇女解放理论的重要组成部分。

（一）马克思恩格斯：人类解放视域下的妇女解放思想

马克思恩格斯从人的解放的高度来认识妇女解放。他们在探讨人类社会发展规律的过程中批判地继承了以往空想社会主义者、资产阶级女权主义者和美国历史学家、社会学家摩尔根等有关妇女问题的思想，创立了马克思主义妇女理论。马克思恩格斯在《神圣家族》《英国工人阶级状况》《德意志意识形态》《共产党宣言》《反杜林论》《家庭、私有制和国家的起源》等著作，以及几十篇论文和书信中都提到了妇女问题。其中恩格斯的著作《家庭、私有制和国家的起源》被公认为关于妇女问题的代表作。他们不仅为妇女理论奠定了哲学和政治的理论基础，而且从人类社会发展史的角度，揭示了男女不平等的根源，探讨了妇女受压迫地位的形成及其根源，提出了妇女解放的途径和根本道路。把家庭婚姻制度与国家的兴亡演变联系起来，认为男女两性关系的发展变化实质上是社会经济关系变动的体现，并将男女平等的实现最终归结为人类的解放。主要内容有以下几个方面。

1. 从“现实的人”出发，指出私有制是男女不平等产生的主要根源

马克思说：“人的本质不是单个人所固有的抽象物，在其现实性上，它是一切社会关系的总和。”[①] 不管个人在主观上怎样超脱各种关系，他在社会意义上总是这些关系的产物。[②] 社会性是人区别于动物的本质特征。在私有制社会中，由于社会分工的不同，男性利用对生产工具与产品的控制，在物质生产中占据主导地位。女性则丧失了社会物质生产领域的支配权，退居家庭，从事私人领域的生产（主要就是无偿的家务劳动），没有经济地位，更谈不上社会地位。她们的生产劳动只从有限的自然界索取从事家务劳动的必要的生产资料，很少与外部社会发生联系。改变外部世界的公共活动有许多都和女性无关，比如公共场所中人与人之间的社交关系，公共事务中涉及的享

① 《马克思恩格斯文集》（第 1 卷），人民出版社，2009，第 505 页。

② 《马克思恩格斯文集》（第 5 卷），人民出版社，2009，第 10 页。

有权利和履行义务的关系等，建立在不平等基础上的家庭关系是男女之间的基本关系，在这种不平等关系中，女人也被认为是男人的私有财产，依附于男人，被压迫，被支配，要保证对男人的绝对服从和忠诚，没有独立的话语权和参与权。

马克思恩格斯指出，只有消除私有制，实行全部生产资料归社会所有的新制度，才能从根本上克服两性的不平等，结束妇女受奴役的状态。“随着阶级差别的消灭，一切由这些差别产生的社会的和政治的不平等也自行消失。”[①] 私有制的废除，平等的扩大必然成为人类发展的趋势。这里的平等当然包括男女平等。

2. 从“两种生产”的不平衡解读女性公共参与缺失的根本原因

人类的生产既包括物质资料的生产，也包括人类自身的再生产。马克思在《德意志意识形态》中就曾指出：“生命的生产，无论是通过劳动达到自己生命的生产，或者通过生育达到他人生命的生产，就立刻表现为双重关系：一方面是自然关系，另一方面是社会关系；社会关系的含义在这里是指许多人的共同劳动，至于这种活动在什么条件下、用什么方式和为了什么目的而进行，则是无关紧要的。”[②] 在这里马克思把主要由女性担负的生育及其他家务劳动称为“生命的生产”，是“许多人的共同劳动”，肯定了“生命的生产”的社会价值。恩格斯在《家庭、私有制和国家的起源》1884 年第一版序言中也分析了两种生产的关系，充分肯定了女性在人类自身生产中的特殊作用，指出这两种生产在人类社会生存和发展中是缺一不可的。他说：“一定历史时代和一定地区内的人们生活于其下的社会制度，受

① 《马克思恩格斯选集》（第 3 卷），人民出版社，2012，第 371 页。
② 《马克思恩格斯选集》（第 1 卷），人民出版社，1995，第 80 页。

着两种生产的制约：一方面受劳动的发展阶段的制约，另一方面受家庭的发展阶段的制约。”[①] 如此，女性在人类自身生产中的特殊作用被赋予了社会意义的价值。“两种生产”理论的提出为解读女性在人类历史中的“缺席”提供了经典的分析框架。也就是说，如果认为物质生产资料是第一位的，人类自身生产是第二位的，那就抹杀了女性的伟大作用，其结果是女性只有进入社会生产领域才能获得与男性同等的权力，才能得到解放，否则被压迫就是合理的。这个经典分析工具为妇女解放提供了理论武器。

由此恩格斯分析了实现妇女解放的三个条件：首要条件就是使一切女性都能重新回到“公共事业中”去。“妇女解放的第一个先决条件就是一切女性重新回到公共的事业中去；而要达到这一点，又要求消除个体家庭作为社会的经济单位的属性。”[②] “妇女的解放，只有在妇女可以大量地、社会规模地参加生产，而家务劳动只占她们极少的工夫的时候，才有可能。”[③] “劳动只有作为社会的劳动”，或者说，“只有在社会中和通过社会”，“才能成为财富和文化的源泉”。[④] 那么妇女如何重新回到公共事业中去呢？这就是妇女解放的第二个条件：只有“现代的大工业”，才能为妇女开辟参加社会生产的道路。“只有现代的大工业，才又给妇女——只是给无产阶级的妇女——开辟了参加社会生产的途径。”[⑤] 因为资本主义大工业生产可以广泛地吸收和容纳妇女参加社会劳动，为妇女进入公共领域提供条件。但是妇女一旦重新回到公共事业中，原先属于妇女的家庭领域的私人劳动又该

① 《马克思恩格斯文集》（第4卷），人民出版社，2009，第15页。

② 《马克思恩格斯文集》（第4卷），人民出版社，2009，第88页。

③ 《马克思恩格斯文集》（第4卷），人民出版社，2009，第89页。

④ 《马克思恩格斯全集》（第25卷），人民出版社，2001，第14页。

⑤ 《马克思恩格斯文集》（第4卷），人民出版社，2009，第87页。

如何处理呢？恩格斯又指出了妇女解放的第三个条件：家务劳动社会化。他说："只有在废除了资本对男女双方的剥削并把私人的家务劳动变成一种公共的行业以后，男女的真正平等才能实现。"① 也就是说，只有把家务劳动变成社会事务，把孩子的抚养和教育纳入社会公共事业，女性才能广泛进入公共领域，才能大量地、社会规模地参与社会生产，达到经济独立，为实现真正解放创造契机。

这样一来，恩格斯把人类社会两性关系和性别压迫理论置于唯物史观的基础上，深刻阐述了家庭的起源、女性受压迫的起源以及女性受奴役的现实和解放途径，由此使马克思主义妇女解放理论有了坚实的科学基础。

3. 从人的自由全面发展看，妇女参与无产阶级解放运动是实现自身自由全面发展的前提和现实路径

马克思在《资本论》中指出：共产主义是"一个更高级的，以每个人的全面而自由发展为基本原则的社会形式"②。在他看来，人的解放就是凸显和张扬人的本质力量，使人摆脱各种禁锢、束缚和压抑，进入较为自由的创造历史阶段。妇女解放的最终目标就是人的自由发展。自由的内涵就是个人自由自觉的自主活动。自主活动是人类自由的内在要求和本真体现，所谓"自主活动就是对生产力总和的占有以及由此而来的才能总和的发挥"③。在马克思恩格斯看来，人的自由而全面的发展要求人必须通过对自然、社会和自身的把握而获得自由，成为自然社会和自身的主人。但事实上人类在很大程度上还没有彻底摆脱盲目的自我状态，依然是自然、社会及其规律的奴隶。

---

① 《马克思恩格斯文集》（第10卷），人民出版社，2009，第536页。

② 《马克思恩格斯文集》（第5卷），人民出版社，2009，第638页。

③ 《马克思恩格斯文集》（第1卷），人民出版社，2009，第581页。

因此，人类解放的最终目标就是人成为自然、社会和自身的主人，达成人类自身的和解和人与自然的和解。与此相一致，女性解放同样与政治解放、劳动解放、阶级解放及最终实现女性自由而全面的发展紧密相连，其最终目标就是女性作为一个完整的具有女性特质的人的自由而全面的发展。

马克思恩格斯指出要消除各种形式的不平等和剥削，实现“自由人联合体”的新社会。要把妇女解放与无产阶级解放在实践上统一起来，承认无产阶级只有不分性别地团结在一起才能获得解放。所以，在资本主义社会，妇女要想获得解放就必须投身工人运动中去。同时，妇女参加社会生产，促进妇女获得选举权，加强世界妇女有组织的联合。但是，无产阶级解放和妇女解放不能完全等同，资本主义私有制被推翻还不等于妇女就获得了彻底解放。妇女解放还有更复杂而艰巨的任务，这是由政治、经济、文化等多种因素所决定的。

马克思恩格斯以解放全人类的宽广胸怀，运用辩证唯物主义和历史唯物主义的基本原理和方法，把妇女置于整个社会历史进程中，置于生产力和生产关系的矛盾运动中去考察，研究妇女地位的演变、妇女问题的产生过程及其基本规律，指出了妇女解放的道路和途径，形成了马克思主义妇女观。马克思主义妇女观以其实践性、科学性和革命性为中国特色社会主义妇女发展理论的建立和发展奠定了理论基础，有力地指导了我党在革命建设各个时期的妇女解放和妇女发展工作，对于唤醒妇女解放的主体意识和自我解放意识、推动妇女基本权益的法律保障和完善、加快妇女的政治参与、促进妇女的经济解放和独立等都具有积极有效的现实指导作用。

（二）列宁：将妇女解放理论付诸实践

列宁是世界上第一个社会主义国家（苏联）的缔造者，是将早期马克思主义妇女解放理论付诸社会实践的领军人物。列宁、斯大林继承了马克思恩格斯妇女解放理论的基本观点和方法论，结合当时革命和建设的实际，通过一系列具体措施践行这些观点，把马克思恩格斯的妇女解放理论付诸实践，使之具象化、合法化、制度化，丰富了发展了马克思主义妇女解放思想。不仅对当时苏维埃国家的妇女解放有重要的理论意义和实践价值，而且对我们今天认识社会主义妇女解放的理论与实践仍具有重要的指导意义。

1. 妇女解放实践需要分两步走

与恩格斯对“两种生产”不平衡的分析一脉相承，列宁指出，资本主义制度下妇女受到来自资本和家务劳动的双重压迫。他说，占人口半数的妇女不仅受到资本压迫，还受着“家庭的奴役”，“她们被最琐碎、最粗重、最辛苦、最使人愚钝的下厨房等单独的家务劳动压得喘不过气来”。[①] 他认为妇女要有更广阔的工作空间，可以在社会主义建设中做出更大贡献。他明确指出，妇女彻底解放要分两步走：“苏维埃政权彻底消灭了婚姻法和家庭法上的特别可耻、卑鄙、伪善的不平等，消除了对子女关系的不平等。这是妇女解放的第一步……第二步，也是主要的一步，就是废除土地和工厂的私有制。这样，也只有这样，才有可能使妇女获得政治彻底的解放。”列宁强调要通过家务劳动社会化来获取政治和经济上的解放，他说：“只有在大规模地开始为消除这种琐碎家务而斗争（在掌握国家权力的无产阶级领导下），更确切地说，大规模地开始把琐碎家务改造为社会主

① 《列宁全集》（第40卷），人民出版社，1986，第380页。

义大经济的地方和时候，才会开始有真正的妇女解放，真正的共产主义。"[①]"只要妇女忙于家务，她们的地位就不免要受到限制。要彻底解放妇女，要使她们同男子真正平等，就必须有公共经济，必须让妇女参加共同的生产劳动。"[②]这里的"同男子真正平等"就是指妇女通过参加社会生产劳动实现经济独立，不再因经济地位而受到压迫，但是，即使是在完全平等的条件下，妇女事实上仍然被束缚于琐碎、繁重、非生产性的家务劳动。列宁改革家庭的总的办法，就是使家庭的经济职能、服务职能、教育职能等社会化、现代化。

2. 全面参与是实现妇女解放的社会性条件

列宁鼓励妇女全面参与政治、经济、文化、组织、监督等一切公共生活领域，创造妇女解放的社会条件。强调吸引广大妇女参加苏维埃的工作，"要吸引群众参与政治就不能不吸引妇女参与政治"。[③]苏维埃共和国的政治活动不仅需要党员女工和觉悟的女工，而且需要非党女工甚至是觉悟最低的女工都来参与到国家和社会事务管理中。列宁指出："我们的任务是要使政治成为每个劳动妇女都能参与的事情"[④]，并且强调"我们要使女工不但在法律上而且在实际生活中都能同男工平等。要做到这一点，就要使女工愈来愈多地参加公有企业的管理和国家的管理"[⑤]。妇女只有通过广泛参与管理，才能很快掌握业务，与男性一样能干。因此，建议把更多的女工选进苏维埃。在实践中，苏维埃政权重视培养优秀妇女干部，许多妇女被提拔到各级领导岗位，为劳动妇女参加国家政务和社会管理创造了优越的

① 《列宁全集》（第37卷），人民出版社，1986，第21页。
② 《列宁全集》（第37卷），人民出版社，1986，第192页。
③ 《列宁全集》（第40卷），人民出版社，1986，第380页。
④ 《列宁全集》（第37卷），人民出版社，1986，第193页。
⑤ 《列宁全集》（第38卷），人民出版社，1986，第170页。

条件。

列宁特别重视妇女自身的觉醒，认为妇女自身的觉醒在革命和建设中具有重要作用。他明确指出："女工的解放也应当是女工自己的事情。"[①] 这是对妇女觉醒的理论概括。妇女的事情一定靠妇女来解决，如果妇女没有意识到自己受压迫的根源，意识不到应该自己解放自己，妇女解放就是不可能的。妇女只有从政治、经济、文化、心理等方面摆脱对男性的依附关系，才能成为真正独立自主的人。当然，"这并不排斥男性对妇女解放事业的支持和参与，妇女解放必须在女人自己要求、男人也拥护的条件下才能实现"。[②]

3. 保证女性权益，以法制化的形式确立男女平权

"苏维埃共和国的任务首先是取消对妇女权利的各种限制。"[③] 列宁在 1919 年 2 月《俄共（布）纲领草案》中的第八部分"党纲中关于法院条文"的第一段写道："共产党只是把不使用雇佣劳动榨取利润的工农代表选进法院，对妇女同样看待，使男女无论在选举法官或履行法官职务上都享有平等的权利。"[④] 但他也深刻意识到法律的局限性，指出光有法律是不够的，"我们要使女工不但在法律上而且在实际生活中都能同男工平等"。[⑤] 从法律上的平等达到事实上的平等还需要长期的、艰苦的、多方面的努力，使妇女从政治、经济、文化、社会各方面事实上的不平等中逐步解放出来，实现全面的社会解放，这是妇女解放运动在很长时期的主要任务。

选举权是公民的基本权利。列宁指出，"苏维埃要求所有男女都

---

① 《列宁全集》（第 37 卷），人民出版社，1986，第 193 页。

② 李静之、张心绪、丁娟：《马克思主义妇女观》，中国人民大学出版社，1991，第 102 页。

③ 《列宁全集》（第 35 卷），人民出版社，1985，第 180 页。

④ 《列宁全集》（第 36 卷），人民出版社，1985，第 105 页。

⑤ 《列宁全集》（第 38 卷），人民出版社，1986，第 170 页。

享有普遍的、平等的选举权”，“应当使女工更多参加选举”。[①] 并在1917年的《修改党纲的材料》中规定：“无论选举立法会议还是选举各级地方自治机关，凡年满20岁的男女公民都有普遍、平等和直接的选举权。”[②] 此外，列宁在妇女选举权问题上特别重视“阶级”属性，强调妇女争取选举权时坚持同无产阶级政党联合，反对与资产阶级女权主义结盟。

列宁十分强调文化知识的重要作用，重视对妇女的教育工作，力主妇女与男子享有平等受教育权。他说，如果不重视占人口半数的妇女工作，既不利于妇女的解放事业，也会削弱建设社会主义国家的力量。苏维埃共和国在学校教育方面规定：“对未满16岁的男女儿童一律实行免费的义务的普通教育和职业教育（从理论上和实践上熟悉一切主要生产部门）；把教学和儿童的社会生产劳动密切结合起来。”[③] 列宁鉴于男女在受教育方面存在差距现实状况赞成男女合校，主张在妇女解放的过程中享有与男子平等的受教育权，鼓励女童接受学校教育，提高了妇女的文化素质。

列宁非常重视女工的社会保障。要求根据女性的自身特点和家庭特点，设置具有针对性的保障制度。例如，禁止在对妇女身体有害的部门使用女工，禁止女性做夜工，女性在产前产后给予假期，产假期间照发工资，免收医药费，等等。还提出大办公共食堂、托儿所、幼儿园，以减轻妇女们的家庭负担。这些具体措施使男女两性在现实的生产生活实践中取得了实质性的平等，以法制化的方式保障了妇女的各项权利。

---

① 《列宁全集》（第29卷），人民出版社，1985，第81页。
② 《列宁全集》（第29卷），人民出版社，1985，第486页。
③ 《列宁全集》（第29卷），人民出版社，1985，第487页。

列宁把马克思恩格斯的妇女解放理论转变为社会主义妇女解放实践，实现了马克思主义妇女理论从理论向实践的历史性飞跃，妇女在经济、政治、法律等方面的参与理论和实践均得到了全方位的突破和发展，开启了社会主义女性公共参与的新篇章，对我们研究当下的女性公共参与、探索妇女发展的中国路径具有直接的借鉴意义。

二　中国共产党人的妇女解放思想

以毛泽东为代表的中国共产党人在领导人民推翻半殖民地半封建社会，建设社会主义新中国的伟大事业中，把马克思主义经典作家的妇女解放思想与中国实际相结合，实现了马克思主义妇女解放思想中国化的第一次飞跃。进入改革开放新的历史阶段，党的历代中央领导集体，以马列主义妇女解放理论和毛泽东妇女解放思想为指导，不断探索新的历史阶段妇女解放与发展的规律，逐步形成和发展了中国特色社会主义妇女理论。

（一）毛泽东妇女解放理论

毛泽东思想是马克思主义中国化第一次历史性飞跃的理论成果，是以毛泽东为代表的中国共产党人集体智慧的结晶。毛泽东妇女解放思想是毛泽东思想的重要内容，是中国共产党在长期的革命和实践中推进妇女运动的行动指南，是以毛泽东为代表的中国共产党人把马克思主义妇女解放基本原理与中国妇女运动实际相结合的成果。周恩来、刘少奇、朱德等党的许多卓越领导人，以及向警予、蔡畅、邓颖超等杰出的妇女运动领袖，都为毛泽东妇女解放思想的形成和发展做出了重要贡献。

毛泽东妇女解放理论产生于20世纪20年代中国共产党成立前后，在继承马克思主义妇女解放思想基础上，结合我国国情和实际，形成了具有中国特色的男女平等理论，并伴随着中国整个新民主主义革命、社会主义革命和建设事业的进程不断丰富和发展，在妇女解放道路的途径、方法、道路等问题上对马克思主义妇女解放思想进行了适合中国国情的发展和创新，是指导中国妇女运动的行动指南，是马克思主义妇女解放理论的重要组成部分，是中国特色社会主义妇女理论形成和发展的重要理论基础。

第一，阶级解放是妇女解放的必要条件。

中国封建社会传统礼教对妇女的压迫和束缚是男女不平等的社会根源。毛泽东在《湖南农民运动考察报告》中，从中国实际出发，把妇女所受的深重压迫形象地比喻为政权、族权、神权和夫权四条绳索的束缚，指出妇女受压迫的多重性是中国封建宗法社会制度所造成的。它不仅是私有制产生的结果，也是阶级压迫的一种特殊表现，而且是中国封建宗法社会根深蒂固的男尊女卑的父权、夫权思想统治的结果。这个观点抓住了中国妇女受压迫的社会总根源，揭示了中国妇女解放运动的民族特性，奠定了毛泽东妇女解放思想的基石。在抗日民族解放战争中，毛泽东进一步阐述了妇女解放和社会解放的辩证关系，指出："妇女解放运动应成为社会解放运动的一个组成部分存在。离开了社会解放运动，妇女解放是得不到的。同时，没有妇女解放，社会解放也是不可能的。因此，要真正求得社会解放，就必须发动广大的妇女群众来参加；同时，要真正求得妇女自身的解放，妇女们就一定要参加社会解放的斗争。"① 新民主主义革命的胜利使广大劳动妇女获得了历史性解放，但妇女解放的进程并没有完结。毛泽东认为，妇女解放是一个长期的历史过程。"真正的男女平等，只有在

① 《毛泽东文集》（第2卷），人民出版社，1993，第169页。

整个社会的社会主义改造过程中才能实现。”[①] 妇女运动要和党的中心任务即社会主义改造和社会主义建设相结合。国家发展和民族振兴是实现妇女解放和平等发展的根本基础，是全中国人民的利益所在，也是妇女的利益所在。新中国的妇女解放视野始终同党在社会主义革命和建设时期的中心任务紧密相连，始终前进在中国民族复兴的伟大事业中。

第二，“妇女能顶半边天”。

毛泽东坚持人民群众创造历史的伟大真理，重视妇女在革命和建设中的作用。他继承和发展了马克思关于妇女是社会革命“酵素”这一观点，提出妇女是决定革命胜败重要力量的一系列论断。他指出，妇女的力量是伟大的。“妇女占人口的半数，劳动妇女在经济上的地位和她们特别受压迫的状况，不但证明妇女对革命的迫切需要，而且是决定革命胜败的一个力量。”[②] “妇女解放，突起异军，两万万众，奋发为雄。男女并驾，如日东方，以此制敌，何敌不倾。”[③] 在社会主义建设时期，毛泽东指出，中国妇女是一种伟大的人力资源。“时代不同了，男女都一样”，妇女能顶半边天。必须充分发掘这种资源，同时要纠正党内和社会上存在的一切歧视和轻视妇女的错误思想，与轻视妇女运动的观念做斗争。只有克服这些障碍，才能使妇女在社会主义建设中焕发出前所未有的积极性和创造性。为此，毛泽东领导下的党和国家在革命、建设的各个时期不断提出促进男女平等、提高妇女地位、推动妇女解放的目标要求，并以法律的形式保障妇女在经济、政治、文化教育、婚姻家庭等方面应有的社会权利，还针对

① 《毛泽东文集》（第6卷），人民出版社，1999，第453页。

② 《毛泽东文集》（第1卷），人民出版社，1993，第98—99页。

③ 《毛泽东、周恩来、刘少奇、朱德论妇女解放》，人民出版社，1988，第5页。

女性的特殊利益做出了一系列特别规定。

第三，重视妇女工作，培养一批“能干而专职”的妇女干部，是实现妇女解放、男女平等的必要条件。

没有组织就没有力量。作为中国共产党早期妇女运动的领导者，向警予十分重视妇女组织的作用。她认为，妇女要有组织，“妇女本身有了组织，虽不能使自己的主张马上实现，也可使自己的主张坚卓不拔。”[①] 她说：“一种团体有一种团体的性质，一种团体代表负有一种团体的使命”，“为达到妇女本身利益的要求起见，更非主张国民会议有妇女团体不可。”[②]

毛泽东不仅重视妇女干部的培养，还特别强调党对妇女运动的领导。在苏区的几次农村调查中，毛泽东深刻地认识到，要领导中国妇女运动，尤其是在广大的农村，没有健全的妇女组织，没有一批“能干而专职”的妇女干部是不行的。刘少奇也指出：“妇女工作是党和群众工作的重要的一部分，必须注意去做。经验证明，单靠女同志把妇女工作做好是不可能的，应当由全党来做。”[③] 在妇女解放运动中，强调全党重视和支持妇女工作与坚持妇女的主体地位是辩证统一的。没有妇女自身的觉醒，妇女解放是无法实现的。但是，妇女解放又不能单靠妇女自己，妇女解放是社会解放和人类彻底解放的一部分，是马克思主义政党的历史使命和政治责任，妇女事业是重视党的事业的重要组成部分。

党和国家为妇女解放创造了各方面的条件，但妇女的最终解放离不开自身的觉醒和艰苦奋斗。毛泽东一贯主张要让群众自己起来解放

---

① 向警予：《向警予文集》，人民出版社，2011，第 94 页。

② 向警予：《向警予文集》，人民出版社，2011，第 163 页。

③ 《刘少奇选集》（上卷），人民出版社，1981，第 393—394 页。

自己，他在《湖南农民运动考察报告》中就指出，那些烈女祠、节孝坊要由妇女自己去摧毁，别人越俎代庖是不对的。必须把妇女组织起来，培养妇女干部，这是妇女运动发生发展的基本前提，也是妇女解放的必要条件。毛泽东说："女子有力量，还要加上一条结团体。没有团体，这种力量是散的、零碎的，人心是各管各的，这叫做心不齐，力不合。有了团体，心就齐了，力量就结合起来了，就能齐心合力干大事。"[①] 毛泽东积极主张建立妇女统一战线，实行妇女界大联合。新中国成立后从中央到基层都建立了比较完备的妇女组织系统，将妇女最大限度地组织起来。妇女光有组织不行，还要有妇女干部，毛泽东认为："没有一批能干而专职的妇女工作干部，要开展妇女运动是不可能的。"[②] 党要大力培养和使用妇女干部，不仅要培养大批有理论武装的妇女干部，而且要培养大批做实际工作的妇女干部，这样才能把广大妇女调动起来、团结起来，使她们自觉自愿地参与到社会主义建设中来。

毛泽东十分关注提高妇女的社会参与层次，特别是妇女的政治参与。革命时期就提出确保妇女最低参政比例，力争使红色政权中的妇女代表比例达到25%。新中国成立后，在制定第一部选举法时，特别提出"尤其要注意到妇女的代表名额"。妇女的解放不仅是经济的解放，还是政治的、文化的和社会的解放，是妇女对于社会事务的全面参与，并在此过程中获得自由全面的发展。

（二）中国特色社会主义妇女理论

改革开放以来，中国共产党的主要领导人邓小平、江泽民、胡锦

① 《毛泽东文集》（第2卷），人民出版社，1993，第167页。

② 《毛泽东文集》（第2卷），人民出版社，1993，第225页。

涛、习近平深入阐释了中国妇女的解放与发展以及男女平等问题，这些理论观点构成了中国特色社会主义妇女理论的主要内容。这个理论体系是马克思主义妇女理论与我国改革开放实际相结合的产物，是对毛泽东妇女解放思想的继承和在新时期的丰富与发展，赋予了男女平等妇女观以新的内涵和时代特征，标志着男女平等价值观发展到了一个新的阶段，是当代中国实现性别平等、全面推进女性公共参与发展的强大思想武器。

中国特色社会主义妇女理论的形成和发展大体上经历了三个阶段：1987 年中共十三大提出社会主义初级阶段基本论断至 1995 年第四次世界妇女大会召开前为第一阶段，1995 年第四次世界妇女大会召开至 2005 年修改《中华人民共和国妇女权益保障法》为第二阶段，2005 年 8 月 28 日修改后的《中华人民共和国妇女权益保障法》颁布至今为第三阶段。其间有三个历史节点对中国男女平等理论和实践的重大推进具有里程碑意义。第一个历史节点是 1992 年《中华人民共和国妇女权益保障法》正式颁布实施。“这部旨在全面保障妇女权益的基本法，对于妇女在政治、文化、教育、劳动—财产、人身、婚姻家庭等方面的权益都作了具体的规定，是对新中国各项保护妇女法律法规的继承和发展，是进一步实现男女平等的重要法律武器。”[①] 第二个历史节点是 1995 年我国政府首次明确提出“把男女平等作为促进我国社会发展的一项基本国策”，这不仅深化了对社会主义初级阶段妇女发展规律的认识，也表明了“中国政府顺应国际潮流，自觉承担保障和促进两性平等发展责任的立场和态度”。[②] 第三个历史

① 顾秀莲：《中国特色妇女发展之路》，人民出版社，2010，第 46—47 页。

② 顾秀莲：《中国特色妇女发展之路》，人民出版社，2010，第 48 页。

节点是2012年中共十八大报告明确提出“坚持男女平等基本国策”，在中国共产党的历史上是第一次，这是我国妇女事业发展史上的又一个重要里程碑。它集中体现了以习近平同志为核心的党中央对女性平等参与的高度重视，是在坚持和继承马克思主义妇女理论和中国共产党历代领导集体妇女理论的基础上，进一步结合中国妇女发展的实践的理论创新，赋予了马克思主义妇女理论新的时代内涵，对于促进全面参与经济社会发展，推动女性自身全面发展和两性和谐进步都具有重大而深远的意义。

中国特色社会主义妇女理论的主要内容有以下几个方面。

第一，马克思主义妇女观是社会主义妇女理论的指导思想。

马克思主义妇女观是以毛泽东为代表的中国共产党第一代领导集体妇女观形成的重要理论基础和思想来源，一直指导着中国妇女运动的实践发展。江泽民指出，马克思主义妇女观是运用辩证唯物主义和历史唯物主义的世界观、方法论，对妇女社会地位的演变、妇女的社会作用、妇女的社会权利和妇女争取解放的途径等基本问题做出的科学分析和概括，是马克思主义理论体系的组成部分，是文明进步的妇女观。[①] 他从五个方面完整地概括了马克思主义妇女观的主要内容，特别指出“妇女和男子同是人类历史前进的推动者，同是社会物质文明和精神文明的创造者，应该具有同等的人格和尊严、同等的权利和地位”。社会各方面应该努力为妇女群众多办好事、实事。1990年3月7日，时任中共中央总书记的江泽民在首都各界庆祝三八国际劳动妇女节80周年大会上，发表了《全党全社会都要树立马克思主义妇女观》的重要讲话。强调中国共产党用以指导妇女运动的理论，

① 《江泽民文选》（第1卷），人民出版社，2006，第106页。

是马克思主义的基本原理及其妇女观，为全党全社会观察分析和解决妇女问题、实现性别平等指明了方向。

十八大以来，以习近平同志为核心的党中央立足新时代，把握新特征，探索新规律，提出了与时俱进的新思想、新论断，为深化新时代中国特色社会主义妇女发展道理研究，完善中国特色社会主义妇女理论体系提供了方位新判断和理论新指南。党的十九大将习近平新时代中国特色社会主义思想确立为党必须长期坚持的指导思想，其中蕴含着丰富的妇女发展理论，指明了当代中国妇女运动的时代主题、基本原则、目标任务、重大举措、实践路径，构成了新时代中国特色社会主义妇女发展理论，是中国特色社会主义妇女理论体系的新发展，是马克思主义妇女理论中国化的最新成果。

第二，用经济发展推动社会主义性别平等，走中国特色社会主义道路。

邓小平作为中国共产党第一代领导集体的重要成员、新时期改革开放的总设计师，高度重视经济发展的重要性。他认为，经济不发展，许多问题都不会得到解决，包括妇女问题。邓小平强调经济发展的统领作用，从战略和宏观层面为妇女解放和男女平等提供了指导思想和行动指南。胡锦涛也提出“妇女问题，从本质上说是发展问题，也必须通过发展才能得到解决”，即在推动经济社会发展的进程中促进妇女事业发展。就是“坚持把最广大人民的根本利益作为各项工作的根本出发点和落脚点，使发展的成果惠及包括广大妇女在内的全体中国人民”。

十八大以来，习近平发表了一系列重要讲话，作出重要指示，就妇女的全面参与问题等提出一系列带有根本性、方向性、引领性的新思想新论断新要求。2011 年习近平在妇女与可持续发展国际论坛开幕式致辞中指出妇女发展中的三个“平等”：“积极为妇女平等依法行使民主权利、平等参与经济社会发展、平等享有改革发展成果创造条件”，以“积极改善妇女发展环境，努力促进妇女事业与经济社会协调发展、妇女与男性平等发展和妇女自身全面发展”。他还指出要多措并举，保障妇女发展机会和权利的实现：“坚持实行男女平等基本国策，制定并不断完善维护妇女权益、促进妇女发展的法律法规，注重通过司法、行政、宣传、教育和经济、社会等多种手段保障妇女发展机会和权利的实现。”2013 年 10 月 31 日，习近平在同全国妇联新一届领导班子集体谈话时指出：“要坚定不移走中国特色社会主义妇女发展道路，这是实现妇女平等依法行使民主权利、平等参与经济社会发展、平等享有改革发展成果的正确道路。”① 2015 年在全球妇女峰会上，习近平更加系统地提出了促进男女平等和妇女全面发展的国家框架：要推动妇女和经济社会同步发展、积极保障妇女权益、努力构建和谐包容的社会文化、创造有利于妇女发展的国际环境，并提出：“我们要制定更加科学合理的发展战略，既要考虑各国国情、性别差异、妇女特殊需求，确保妇女平等分享发展成果，又要创新政策手段，激发妇女潜力，推动广大妇女参与经济社会发展。”并且强调，“要增强妇女参与政治经济活动能力，提高妇女参与决策管理水平，使妇女成为政界、商界、学界的领军人物”。2018 年 11 月 2 日，习近平在同全国妇联新一届领导班子成员集体谈话时强调，做好党的妇女工作关系团结凝聚占我国人口半数的妇女，关系为党和人民事业发展提供强大力量。要加强党对妇女工作的领导，坚持中国特色社会主义妇女发展道路，把握实现中华民族伟大复兴的中国梦这一当代中

① 《坚持男女平等基本国策 发挥我国妇女伟大作用》，《人民日报》2013 年 11 月 1 日。

国妇女运动的时代主题，促进男女平等，发挥妇女在各个方面的积极作用，组织动员妇女走在时代前列，在改革发展稳定第一线建功立业。

第三，确立并实施男女平等基本国策，促进妇女与社会同步发展。

实现男女平等一直是中国妇女运动发展的方向和追求的目标，也是中国共产党长期坚持的妇女运动的指导方针。1995 年 9 月 4 日，在联合国第四次世界妇女大会欢迎仪式上，江泽民代表中国政府庄严承诺："中国政府一向认为，实现男女平等是衡量社会文明的重要尺度。新中国成立后，我国广大妇女成为国家和社会的主人。我们十分重视妇女的发展与进步，把男女平等作为促进我国社会发展的一项基本国策。"[①] 这使得《中华人民共和国宪法》规定的男女平等原则"进入了国家政策体系的最高层次"，成为促进我国社会发展的一项带有普遍性、全局性、长远性的总政策[②]，表明我国促进性别平等、保障妇女权益的坚定决心。2005 年，胡锦涛在纪念联合国第四次世界妇女大会 10 周年会议开幕式上强调："我们将坚持贯彻男女平等的基本国策，不断促进性别平等和两性和谐发展。"从 1995 年至今，国务院颁布实施了三个周期促进男女平等和妇女发展的国家行动计划——《中国妇女发展纲要》。"实行男女平等是国家的基本国策"写入《中华人民共和国妇女权益保障法》。国家第十至第十二个国民经济和社会发展五年规划纲要都强调促进妇女全面发展，《中共中央关于制定国民经济和社会发展第十三个五年规划的

① 江泽民：《在联合国第四次世界妇女大会欢迎仪式上的讲话》，《人民日报》1995 年 9 月 5 日。

② 顾秀莲：《中国特色妇女发展之路》，人民出版社，2010，第 46 页。

建议》明确提出要坚持男女平等基本国策。特别是党的十八大报告明确提出“坚持男女平等基本国策，保障妇女儿童合法权益”，重审促进男女平等和妇女全面发展是新的历史条件下党治国理政的重要内容。

在2011年妇女与可持续发展国际论坛开幕式上，习近平指出，妇女在参与和实践过程中，主体意识不断增强，自身也在多个领域实现巨大发展。2013年习近平在“三八”妇女节看望十二届全国人大一次会议妇女代表时指出:“妇女是‘半边天’，全面建成小康社会，实现‘两个一百年’目标和中华民族伟大复兴，需要我们共同努力。”同年10月底，在同全国妇联新一届领导班子集体谈话时，习近平强调:“我们党带领人民不懈奋斗的光辉历程，每一个胜利都有着广大妇女的积极参与和卓越贡献。”在革命、建设、改革各个历史时期，我们党“始终把广大妇女作为推动党和人民事业发展的重要力量”，今天，“我们面临的任务更加繁重，面向的目标更加远大，更需要我国广大妇女贡献智慧和力量”，“必须充分发挥我国妇女伟大作用，为实现‘两个一百年’奋斗目标、实现中华民族伟大复兴的中国梦而奋斗”。在2015年全球妇女峰会上他再次强调“发展离不开妇女”，“没有妇女，就没有人类，就没有社会”。推动妇女参加社会和经济活动，能极大提升社会生产力和经济活力。他肯定，在参与社会中，妇女自身也得到发展。可见，习近平对妇女参与社会之意义的论述既关注社会发展需要妇女参与的一面，也考虑了妇女解放与发展需要社会参与的一面。

第四，妇女是推进性别平等的主体力量，“自尊、自信、自立、自强”是中国妇女自身素质发展的目标。

中国妇女是中国革命和建设中不可或缺的重要力量，是推进性别平等的主体力量。1984 年，为适应改革开放新时期的形势要求，全国妇联曾提出“自尊、自爱、自重、自强”的“四自”方针。1988 年 9 月，第六次全国妇女代表大会强调指出，“必须围绕经济建设开展妇女运动，从社会发展中求妇女解放”，号召广大妇女全面提高自身素质，提出“自尊、自信、自立、自强”的方针，这是妇女运动方针的进一步发展。“四自”精神就是尊重自身的主体权利、人身价值和人格尊严；相信自己的力量，勤奋学习，努力挖掘自身的潜力，敢于应对挑战，敢于竞争；坚持独立自主，反对自卑依附；坚持自强不息，积极向上，开拓进取，顽强拼搏，在为社会做贡献的同时实现自我价值。“四自”精神是建设中国特色社会主义过程中对中国妇女自身素质的高度概括，是社会主义核心价值观的具体体现，是中国特色社会主义妇女运动的时代要求，也符合国际社会所倡导的赋权妇女的发展理念，也是中国妇女全面发展努力的方向。

1990 年，江泽民代表党和政府也对广大妇女提出殷切期望：“为了更好地担当起各方面的任务，希望你们努力提高自身素质，学习文化科学技术知识，发扬自尊、自信、自立、自强精神，进一步增强历史使命感，做社会主义的有理想、有道德、有文化、有纪律的新女性。”① 胡锦涛指出：“只有充分尊重广大妇女的主体地位，把广大妇女的积极性、主动性、创造性最充分地调动起来，把广大妇女的智慧和力量最大限度地凝聚起来，我国妇女运动发展才能具有最坚实最可靠的基础。”②

习近平在继承马克思主义妇女观的基础上，结合中国妇女运动实际，对妇女在社会发展中的主体地位有更加充分、更有高度的认识，

① 《江泽民文选》（第 1 卷），人民出版社，2006，第 109 页。

② 《纪念“三八”国际劳动妇女节 100 周年大会在北京举行》，《人民日报》2010 年 3 月 8 日。

既要求妇女自身发挥主观能动性，积极参与社会，为社会发展做出贡献，同时要求为促进妇女全面参与社会创造条件。党的十九大报告指出，要坚持用辩证唯物主义和历史唯物主义的立场观点方法看待妇女问题，用联系的、发展的、全面的、系统的眼光认识妇女发展规律，在社会经济发展的大局大势中把握妇女发展的状况，要紧紧围绕“五位一体”总体布局、“四个全面”战略布局，深入研究新发展理念的精髓要义，准确阐释妇女发展同党和国家事业发展的紧密关系，努力探索推进妇女和经济社会同步发展、充分发挥妇女作用的有效途径。

第二节　女性公共参与意识培育研究的思想资源

随着社会转型的不断深入和思想政治教育学科的发展，思想政治教育的话语体系逐渐具有了鲜明的时代特征，其理论体系、教育内容、教育方法等都发生了相应的变化，相关学科的理论成果、学术成就和研究方法的成熟为思想政治教育研究的完善提供了重要的思想资源。本研究是在思想政治教育框架下的一个聚焦问题的跨学科研究，需要借鉴其他学科的相关理论和研究方法进行整合。

一　社会性别理论

社会性别理论是20世纪六七十年代以来在西方妇女研究界广泛流传的一种理论。1995年第四次世界妇女大会后，这一理论作为西方女权主义理论的核心概念在我国广泛传播，并成为妇女研究中的重要理论范畴和分析框架。女性群体是本研究的主要研究群体，如果不能很好地借鉴社会性别理论的研究成果和研究方法，很有可能使本研究的价值大打折扣。

社会性别理论的产生有一定的历史必然性和政治革命意义。因为长久以来，社会伦理道德中的一系列性别规范更多是建立在两性"生理性别"基础之上的，如女性为人类繁衍而固守家庭，男性为存续人种而外出谋生，这种顺应两性自然生理的性别分工模式在世界各地普遍存在，并延续了数千年，甚至成为人类文明的社会基础，但同时也成为男女不平等、女性受压迫的自然基础。久而久之，人们会自然而然地认为，这种建立在两性自然性别基础上的性别分工，以及服务于男性中心的社会性别规范是合理的，由此造成的男女不平等也是"自然的"或"必然的"。"自然"或"必然"一定程度上就意味着"不可改变"或"不能改变"，因此，为了改变两性的"不平等"地位，西方女权主义者在思考妇女受压迫的原因以及妇女解放的路径时，将矛头对准了为"父权制"进行辩护的"生理性别"，并创造了社会性别（Gender）这一概念。其逻辑思路是，男女不平等不是"自然的"，而是"社会的"。既然是后天的而不是先天的，那么就是可以改变或能够改变的。

社会性别这一概念首先是由美国人类学家格·如本（Gagle Rubin）在1976年提出的，主要内涵包括以下几个方面：其一，社会性别的提出是对生理性别的批判，提出了应从社会、文化的背景去理解男女的问题。其二，社会性别的提出，强调"后天"对"先天"影响，指出社会制度、法律、价值观对妇女的歧视造成对其政治、文化、经济上的压迫。其三，实现男女平等的道路有待于建设一个平等的社会制度，创造一个平等的文化。[①] 可见，社会理论很大程度上就是要为颠覆男女不平等的性别文化和制度提供理论支持。

① 转引自杨霞《女性期刊的社会性别意识管窥》，《出版发行研究》2010年第9期。

同时我们也应该清楚地看到，社会性别理论并不是铁板一块，它产生于不同的时空和地域，由不同文化背景和身份的研究者所创立和发展，研究者不同的立场、观点和方法，以及不同的价值取向，使这一理论呈现纷繁复杂的状态。社会性别引入中国二十多年后，不论是作为研究方法还是思维方式，抑或作为社会变革或性别文化与制度再建构的理论武器，都已经被赋予了一定的“中国意义”，在中国学界产生了广泛而深远的影响。

值得注意的是，社会性别理论在中国的传播过程中由于翻译过程中的创造而出现了理论的变异。综观近二十年来的中国妇女研究，“性别”与“社会性别”两个概念常常是同时并用或交替使用的。根据笔者的观察，使用“性别”更多强调的是其在学术研究中的方法论意义，性别作为一个“维度”不仅可以使人们看到两性（权力和权利）关系的诸多面相，而且能够看到使用其他方法所看不到或不能看到的许多真相。“性别”在汉语言环境下，具有“自然”与“社会”的双重属性，它不至于使人们在单独或过分强调“社会性别”的过程中丢失女人的自我特性而一味地以男人为标准追求“男女平等”。[①] 而使用“社会性别”更多强调的是性别的社会建构性，一方面对历史上所建构的压制妇女的性别文化和制度进行批判和颠覆，另一方面根据妇女的需要和实际进行当代或未来性别文化和制度的再建构——它的革命性意义更为明显。单从方法论的角度讲，“性别”或“社会性别”作为人们认识世界的一个重要维度，不仅受到女性（主义）研究者的青睐，许多男性学者也加入性别研究的行列，与“妇女研究”或“女性研究”相比，“性别研究”似乎更为

① 杨霞：《Gender 理论传播过程中的“变异”与“融合”》，《现代传播》2015 年第 11 期。

中性，更为客观，更为全面——它不仅关注女性，同时也关注男性，以及两性之间的各种权力和利益关系。但一些研究者敏锐地发现，这种在“性别研究”中将男女两性等量齐观的状况，有可能使当今的妇女研究面临新的挑战，也就是说，在一个“以男性为中心”的社会里，女性的言说有可能再次被淹没在强大的“父权”或“男权”文化的声浪里，使妇女的声音再次遮蔽。同时，也不能将妇女研究局限在“妇女”的圈子里，而应该更为全面地看到妇女与男性在历史变迁中的制约与互动。于是，不论“性别研究”还是“社会性别研究”，一些研究者用“/”和“与”作为连接符号，在“性别”和“社会性别”前面加上“妇女”或“女性”二字，如“妇女/性别研究”“妇女/社会性别研究”“女性/性别研究”“女性/社会性别研究”等，或者将“研究”改为“学”，一方面突出妇女在研究中的重要地位或主体作用，另一方面强调妇女研究和历史发展中两性的互动作用——促进和限制。目前，这种用法在中国的妇女研究界已非常普遍。至于在研究中使用“性别”还是“社会性别”，对一些初学者来说，更多的时候是在“依样画葫芦”，试图在“模仿”或“借鉴”中寻求超越；而对一些研究较为深入的学者来说，在什么情况下用“性别”、在什么时候用“社会性别”是非常严谨的，也是非常自觉的。

当代中国妇女研究者李小江敏锐地觉察到，借鉴西方女权主义理论是必要的和重要的，而且是必需的，但一定要高度警惕西方的文化霸权倾向，不能用西方的“社会性别”理论来规整中国的妇女解放实践，中国的妇女解放实践必须奠基于中国革命的历史积淀之上。同时千百年来，尤其是近代以来中国妇女解放的许多教训和经验需要我们进行本土的总结和提炼，以便丰富和完善世界妇女解放的理论，包括社会性别理论，而不是用西方的理论来阐释或剪裁中国历史。

我们可以认为，社会性别理论在我国传播过程中已经发生了“变异”，不论是初学者还是资深学者，不论是知识生产还是社会实践，不管她/他们在使用社会性别概念时与西方女权主义的理论有多大的吻合度和出入，它都成了中国妇女研究和妇女解放实践的重要组成部分。同时，站在全球化的高度进行反观，这一理论内涵的丰富和延展，对“性别”和“社会性别”的“中国化”言说，不仅创造了理论，建构了当下的女人和男人，而且重建了当代中国乃至世界的性别文化和性别秩序，为社会变革和时代变迁提供了重要的理论资源，也为我们更加全面地研究女性，包括女性公共参与意识的培育提供了可资借鉴的分析框架。

二 政治社会化理论

人的社会化，尤其是政治社会化和道德社会化，推动着思想政治教育的产生和发展。思想政治教育着力于推动主流文化社会化和个体政治社会化，具有很强的社会性和综合性。积极的公共参与是个体政治社会化的重要表现之一，因此社会学中的政治社会化理论对更好地解析公共参与意识无疑具有借鉴意义。

20 世纪西方政治社会化理论的研究成果很多，就目前研究的情况来看，弗雷德·I. 格林斯坦、戴维·伊斯顿和罗伯特·D. 赫斯、理查德·E. 道森和阿尔蒙德等人的政治社会化理论观点比较具有代表性，基本上能反映出西方政治社会化理论的基本观点和最高水平。从他们的主要研究可以看到，政治社会化是人们接受其政治取向及其行为模式的发展过程。个体的政治社会化过程就是个体在自身生活的社会环境中通过专门的政治学习、随机的非正式的政治学习习得关涉政治的价值取向和行为意识，这个过程贯穿个体的整个生命周期。比如，习得社会态度，参与式学习以及人格特征的影响。戴维·伊斯顿认为："一个政治体系得以维持，必须与它所处的社会环境进行必要的能量交换，这种能量交换在输入方面，主要表现为求得社会成员对这一政治制度的普遍认同和支持。而这种对政治制度的普遍认同和支持正是通过政治社会化来获得的。"①

研究已经表明，参与公共事务的"动机"和"能力"影响个体参与公共事务的效果。个体成长过程中在家庭、学校以及之后在社交场合所建构起来的参与经验影响着其相对稳定的参与动机和能力，形成相对稳定的参与经验、参与意识和参与模式。易言之，个体从小在非政治性团体中积累参与经验，学会如何参与，并且形成参与体验，以往这些参与的体验都将会影响其日后参与政治或公共事务的能力、意愿和感受。

道森认为："政治社会化是公民学习获得的、对政治世界形成一定认识的过程，是将其政治标准和信仰从一代传给下一代的方式。"②公民受教育程度影响了个人的职业、收入及学习参与政治的相关知识与技术，也间接地影响人们是否有闲暇时间参与政治与公共事务。他在《政治社会化》中论述了人的政治社会化过程，认为人在童年时期从家庭、学校和社区等交往环境中获得与他人相处的经验，并把这些经验迁移到未来的政治生活中。这种间接的政治学习涉及"这样一些气质的获得，它本身不是政治的，（但）将来会特定地指向一些

① 转引自李图强《现代公共行政中的公民参与》，经济管理出版社，2004，第78页。

② 转引自杨威《思想政治教育的社会学研究》，中国社会科学出版社，2014，第36页。

形成政治定向的政治对象”。说明青少年在达到政治社会化时，“已经具备一系列人际关系和人际满意的经验，依据他作为一个家庭的孩子或一个学校的学生，他已经发展起与权威人物的多面关系。在日后与权威人物的关系中，他将参照早年生活经验而建立类似的关系”。也就是说，人在孩童时期就从生活经验中习得了非政治性经验和价值观，这些经验在成年后会进入人的政治生活，形成人在政治世界中立足和发展的技巧和能力。由此可见，一个人成年后对于其政治行为效果的不同认识和信念是参与公共事务程度不同的主要原因。而这个程度又是由这样几个因素造成：受教育程度、儿童成长环境、个人能力差异以及个人的性格因素。

综上，政治社会化首先是一个过程，指个体成长过程中习得政治性经验、态度、价值和规范。在任何政治社会里，孩子在成长过程中学会如何参与社会生活，了解政治制度、政治角色，正是它维持着一个社会的持久政治文化，也是形成公民参与是否积极的根本原因。其次，政治社会化是在社会成员间传承政治文化的途径。它是一个持续的、贯穿一生的过程，一个人只要成为某社会文化的成员，该文化使他社会化的过程就一直伴其终生。[①] 政治文化对于维系政治系统的稳定和合法性是至关重要的因素。

三　符号互动理论和社会角色理论

心理学认为，人的发展除了遵循生物学的规律外，人还是社会文化和背景的产物。因此，应该从社会文化和背景的视角理解个体的社会性发展。公共参与意识的生成是人的社会性发展的表现之一，因此

① 毛寿龙：《政治社会学》，中国社会科学出版社，2001，第110页。

研究公共参与意识还有必要从社会性发展理论来观照。心理学中的符号互动理论和社会角色理论为本研究提供了很好的分析视角。

符号互动理论强调事物的意义、符号在社会化过程以及在社会心理、社会行为中的作用。最初是由美国社会心理学家米德提出的。米德认为，人区别于动物的基本特征之一就是人能够运用符号来保存过往的经验，并在此基础上给符号建构新的意义，并且生成面向未来的憧憬和理想。人对环境的适应首先是对动物、环境进行解释，而后做出积极反应。人类的行为不是外来力量和生物本能决定的，相反，在许多场合下是自愿行为。也就是说，人在社会互动中，通过学习意义和符号去锻炼思考能力，开展自己特有的行为和互动，并且根据对情境的理解，修改或者改变符号，有一部分原因在于他们具有与自己互动的能力，这使他们可以检验行为可能的来源、评估与他们相关的利益得失，然后选择其中之一。我们在此基础上对人们公共参与的内在性和主观性做出解释，人们会针对特有情境中的利益得失做出评估和自我理解，然后通过自己参与其中的行为以及由此产生的体验对环境做出反应，形成较为稳定的认知行为方式。

米德以从实用主义精神为核心的人本主义立场出发，把社会现象的外在性统一于内在性，把社会生活的客观性统一于主观性，最终把一切归结于主观的心理过程。符号互动理论对社会行动内在性和主观性的解释，使人们对社会行动的解释具有深刻性和具体性，但符号互动知识从个体心理的角度解释社会行为，把一切行为解释为个体的主观心理过程，忽视客观环境的过程，这又使其解释具有一定的局限性。

社会角色理论是在符号互动理论的基础上发展起来的，认为人们在社会行为上的性别差异源于人们对社会角色扮演的期待，通常人们都在迎合他人对自己的角色期待。在社会角色理论看来，“角色——这是地位的动力层面，个体在社会中占有与他人地位相联系的一定地位，当个体根据他所处的地位而实现自己的权利和义务时，他就扮演了相应的角色”。[①] 也就是说，角色不仅包括社会对个体在特定位置上的客观期望，还包括个体在对自己角色认知基础上与他人互动中的主观表演。社会建构了处于特定地位上的个体独特的角色期望，并对他们的行为加以限制、规定和引导；个体在与社会的互动中，习得相应的角色规范，但又由于个体生理、心理条件的影响出现具有主观色彩的角色扮演，从而对同一角色的扮演具有个性化特征。由此看来，这个理论框架预设了社会先于个体，个体为了外化为符合社会期待的角色，通过社会化分离出一个外化的自我来顺应社会。

总之，上述理论涉及社会性别分析、政治社会化、角色认同等内容，这些理论对研究当代中国女性公共参与意识具有重大启发作用，对分析女性公共参与意识的现实困境、探索突破路径都具有较强的解释力和说服力。

① 戴烽：《公共参与——场域视野下的观察》，商务印书馆，2010，第13页。

第二章　女性公共参与意识培育的历史考察

马克思说："抽象本身离开了现实的历史就没有任何价值。"[①] 研究我国女性公共参与意识培育必须了解我国女性公共参与的历史进程。女性公共参与的历程不仅仅是女性获得解放、社会地位提高的历史，更是女性公共参与意识从自发走向自觉的觉醒历史。女性公共参与意识的启蒙、进步与觉醒是伴随着女性运动史奋争、解放与发展形成的，二者如影随形，紧密相连。从思想政治教育的视域来看，我国女性公共参与意识培育的历史就是中国共产党领导下的妇女运动史。中国共产党从成立之日起，就把领导和组织妇女运动作为其思想政治工作的重要内容，在中国革命、建设、改革的各个时期为争取女性在政治、经济、文化教育以及社会和家庭中的平等参与权，为推动女性自身解放与发展进行着有组织、有领导、有规模的社会运动。这一运动历程是中国共产党推进男女平等的奋斗史、解放史，是中国共产党思想政治教育史的重要组成部分。把女性公共参与意识培育置于历史与逻辑相统一的维度进行认识和解读，可以更好地梳理我国女性公共参与意识培育的历史经验，更深刻地捋顺女性公共参与意识的现状之逻辑必然。

作为中国共产党思想政治教育史的重要组成部分，本章基本按照

① 《马克思恩格斯选集》（第 1 卷），人民出版社，1995，第 74 页。

中共党史的历史分期来考察中国共产党推进女性公共参与意识培育的历史进程，特别考虑到19世纪末20世纪初的思想运动具有历史性的启蒙作用，以此为考察起点，大致分为三个历史阶段。

第一节　奋争与启蒙：近代中国的女性公共参与意识培育

19世纪末20世纪初，我国进入重要的历史转折时期，随着传统政治经济制度的没落，新的生产方式和观念逐步生成，尤其是新文化运动以来，西方女权思想的译介和资产阶级革命派的男女平等思想及对妇女运动的倡导使女性解放思潮活跃起来，同时现代女子教育培养起来的一批先进知识女性逐步登上历史舞台，这些都成为萌发女性主体意识的酵素。这一时期女性的公共参与意识才刚刚萌芽，“女性想获得承认作为独立公民，而不只是公民的妻子和女儿”[①]，还没有形成有统一组织和行动纲领的妇女运动。五四运动时，以女学生为先锋，知识妇女、女工和广大农村妇女纷纷投入反帝爱国运动中，妇女运动开始进入新阶段。中国共产党成立后，掀开了以马克思主义理论为指导共谋解放的革命运动新篇章。广大女性把自身政治权利的实现与民族解放、阶级解放相结合，参与到反帝反封建的民族民主运动中，在革命斗争中萌生了自发的公共参与意识。

一　在维新运动中启蒙

妇女运动是在一定的历史条件下才出现的人类解放运动。有学者

① 李木兰著《性别、政治与民主：近代中国的妇女参政》，方小平译，江苏人民出版社，2014，第35页。

指出："要把妇女确立为历史的主体，必须把她们置于特定的时空中去认识，基于她们所处的环境来解释产生这些行动的可能性。"[①] 鸦片战争后，我国社会传统的自然经济和君主专制制度迅速没落，新的生产方式、新的政治势力、新的观念逐渐生成，关注妇女群体并试图改变其生存状态的社会力量开始出现，为妇女运动的产生和发展创造了必要前提。以倡导男女平等参与为目标的妇女解放思想的萌发主要受到西方天赋人权学说与进化论学说的影响。早期维新派是最早接触这一思想并具有一定社会影响的群体。20 世纪 60—90 年代是洋务运动时期，早期维新派是当时重要的思想派别。出于富国强民的热切希望，早期维新派重视妇女的作用，将"女教"与"商战"视为立国要旨，社会上出现了从男尊女卑到男女并重的重大思想转变，表现出对男女平等的朦胧追求，具有一定进步性，但是并未明确阐发男女平等意识和权力平等的内涵和外延。

甲午中日战争惨败之后，以康有为、梁启超、谭嗣同为代表的维新派明确提出"男女平等""男女各有自主之权"的主张，开启了中国妇女解放运动的重要启蒙时期。康、梁等资产阶级维新派对于如何实施男女平等提出了许多具体要求，包括女性应享有受教育权、支配身体之权、参与社会之权等，并且猛烈抨击封建"三纲"对女性的束缚和压制，认为社会上一切不平等现象都是由"三纲"派生出来的，"三纲"是产生专制制度的总根源，在批判中开始触及妇女问题产生的根源，把对这些问题的认识提升到新的层次，在中国妇女思想史乃至中国近代思想史上都具有重要意义。

---

① 琼·斯科特著《女性主义与历史》，王政、杜芳琴编《社会性别研究选译》，生活·读书·新知三联书店，1998，第 365 页。

《大同书》是康有为早年的代表著作之一，是维新派系统论述妇女问题的代表之作。康有为在书中对君主专制下妇女备受压迫的惨状进行了深刻揭露，并从多个角度对男女不平等的社会制度展开批判，还从自然人性论出发，对男女应一样享有天赋之权进行阐释，从政治学角度确认女性的权力，并且虚构了一个理想的“大同世界”，言说了一种超越现实的妇女解放意识。梁启超特别关注女子教育问题，对贤妻良母传统女性角色提出建设性新主张，倡导传统的三从四德变为“相夫教子”与“宜家善种”并重，产生了广泛的社会影响。但是这种标准并没有跳出传统的角色分工，重视女性对国和家应尽的义务，却并没有突出女性自身的权力。

兴女学、戒缠足是维新派推动妇女解放的主要议题。为了改变人们对待女子教育的陈腐观念，针对“女子无才便是德”的认识，维新派展开很多批判和说服工作，在许多重要报刊宣传兴办女学的主张，在上海创办了第一所民办女学堂——中国女学堂，打开了女子教育的禁区，开启了创办女学的社会风气。维新派还创办了我国历史上第一份女子报刊——《女学报》，由女性创办、主持并主要由女性撰写，以鲜明的态度宣传男女平等思想，从各个方面揭露男女不平等的现象，从女子参政、女子教育、婚姻自主等方面提出男女平权的具体要求，还大力宣传女性在挽救民族危亡中的社会责任，在促进女性自我意识觉醒方面发挥了重要作用。戒缠足运动主要由不缠足会发起并组织推广，全国响应的地方很多，运动声势虽大，但收效有限，毕竟在改良社会习俗、解放妇女方面迈出了重要的一步。由于历史的原因，当时女性的觉醒程度和参与程度还很有限，在兴女学、戒缠足等运动中，女性基本上是追随者，而倡导者、组织者和主要参与者都是男性，但是整个社会进步力量的聚集和思想观念的改观已经孕育了女性觉醒的前奏。

二　在辛亥革命时传播

辛亥革命标志着中国妇女运动的兴起，资产阶级革命团体同盟会成立之初就提出男女平权的政治主张，支持和鼓励妇女参与推翻清王朝的民主革命；以天赋人权为核心的民主学说和女权思想广为传播；类型各异的妇女团体大量涌现，少数已初具较完善的组织和宗旨，开启中国妇女有组织参与社会生活的先河；妇女报刊数量虽不多，但鲜明宣传妇女解放和争取女权。民国政府成立后，为争取男女平等的政治参与权，引发了中国第一次妇女参政运动。在这次运动中，女性第一次以独立主体投入参政运动中，说明女性参与公共政治意识的提高，女性政治集体身份空间已初具雏形，体现了女性群体追求平等的公共参与权利的自主性。

19 世纪末 20 世纪初，欧洲的“天赋人权”概念和自由与平等的民主思想在中国改革派精英的译介下开始广泛传播。从天赋人权哲学观念中演绎出来的性别平等话语为当时的妇女参政运动提供了理论支持。女子的“天赋之权”一再被强调，“天下兴亡，匹夫有责，匹妇亦有责”反复被提出，“国民之母”的概念也逐渐被“女国民”所取代，女性自身的命运与国家和民族的命运联系在了一起。[①] 斯宾塞《社会统计学》和穆勒的《论女性的屈从地位》等译著明确地将人类平等和两性平等联系在一起，另外对欧洲妇女地位，以及法国大革命之母的罗兰夫人、红十字会的创始人南丁格尔、俄国虚无党首领苏菲亚等西方一些著名的妇女活动家的介绍等，也为当时进步女性树立了

① 畅引婷：《“此次革命，女界亦与有功”——辛亥革命与妇女解放（上）》，《中国妇女报》2011 年 10 月 10 日。

榜样。

1903年金天翮《女界钟》的发表为女性通过民族激进主义重新获得平等的公共参与权利提供了有力的武器，被认为是“第一本探讨女性与男性平等政治国民权的专著”[①]。金天翮将实现妇女的政治权利和推翻清王朝直接联系起来，断言20世纪是一个进行妇女权利革命的时代，提出传播天赋人权的原则，特别是男女平等原则，明确提出女性应享有参与国家政治、婚姻自主、交友、入学，出入自由、掌握财产等权利。民主平等思想的广泛传播使女性自身的权利意识和参与意识明显增强，从思想和舆论方面促进了之后的女性参政运动。

伴随着革命运动的高涨，一系列学会和革命团体成立，活跃的进步女性纷纷加入这些团体，展现她们的才能和力量，同时动员其他女性一起争取女性的平等权利。据《20世纪中国妇女运动史》一书的列表统计，1903—1913年共成立妇女团体103个。除辛亥革命前在日本东京成立的7个外，上海先后成立了45个，北京12个，天津4个，其余分布在湖南、江苏、江西、浙江、广东、贵州、沈阳、昆明、四川、长春等地。[②] 这些妇女团体有的具有明显的反帝反封建色彩，有的是为了振兴女权、提倡女学，有的旨在改良习俗、扶危济困做慈善，也有的是想通过创办实业提升女性的独立自养能力。虽然各种妇女社团的创办主旨因创办者的阶级立场和利益需求有所不同，但在基于促进女性发展的总体框架指导下将女性联合起来，以争取妇女自身的解放和各种权利无疑已经成为当时的一种时代潮流。

---

① 李木兰著《性别、政治与民主：近代中国的妇女参政》，方小平译，江苏人民出版社，2014，第35页。

② 顾秀莲主编《20世纪中国妇女运动史》（上卷），中国妇女出版社，2008，第122—132页。

办报刊是宣传群众和组织群众的重要手段，辛亥革命前后进步女性参与社会的一个重要场域就是妇女报刊的创办。这一时期蓬勃发展的女性报纸和刊物使得女性拥有了众多机会展示她们拥有足够的教育水平来参与国家治理。她们通过著述展现自己的博学，通过在报刊上发表见解打破了长久以来对女性在公共场域中的“失声”状态。据统计，1902—1913 年间共创办妇女报刊 46 种，陈撷芬创办的《女学报》、秋瑾创办的《中国女报》、丁初我和陈志群主编的《女子世界》以及为纪念秋瑾、陈志群创办于上海的《神州女报》和《女报》，都是当时影响较大的女子报刊。这些女子报刊的创办一方面在社会上广泛倡导妇女解放新思想、传播新观念，起到了很大的思想宣传作用，唤起了知识女性的解放意识；另一方面锻炼了先进知识女性的参与能力，在办报过程中，一大批知识女性得到历练，受到鼓舞，逐渐成长为妇女理论家和社会活动家，推动了以后的妇女解放运动。

辛亥革命集中引爆了近代中国先进知识分子包括先进知识女性在内的爱国激情。这场资产阶级民族民主革命造就了以秋瑾、尹锐志、张竹君、林宗素、吴木兰、刘青霞、徐宗汉、陈撷芬、胡彬夏、唐群英、张雄西、何香凝、何震等为代表的革命中坚力量。她们在风起云涌的革命浪潮中成长，在民族危难中觉醒，也在内忧外患中得到锻造。在以男性为主体的思想家启蒙下，一部分女性自我意识开始觉醒，鲜明地举起男女平权的旗帜，和男同胞一起勇敢地肩负起了振兴中华民族的时代重任，在投身资产阶级民主革命中追寻自身的解放和发展。

思想的启蒙经过辛亥革命的战斗发酵还引爆了中国历史上第一次女性参政运动，具有非常重要的历史意义。女性第一次以独立主体投入参政活动中，集中反映了女性追求平等和谋求解放的自主性和主动性。参政权是最为核心的参与权利，参政被视为民主思想和人权思想在妇女解放运动中的重要体现，这次参政运动是女性将政治参与权利作为明确目标而进行的具有实践意义的斗争。民国建立了，却并没有给予女性平等的权利，在民国建立半年之后，女性的参政期望被无情地粉碎。临时宪法中，女性很明显地被排斥在外，没有把“无论男女，一律平等”写入其中，女界要求增设参政席位也没有得到满足，同盟会的“男女平等”原则在改组为国民党时却被剔除，主要的政治团体背叛了妇女参政活动家，尽管这些妇女曾经参加了推翻清王朝的革命。唐群英等人虽据理力争，但在会议进行表决时最终还是被否决。这对正在为争取参政而斗争的妇女群体来说无疑是巨大的打击。尽管她们在建立民国的斗争中努力证明女性的独立以及与男性的平等，但是事实证明性别差异的传统观念在新成立的民国政府中仍然根深蒂固，男女两性的差异还意味着女性对男性的从属地位，辛亥革命时期一度被批判过的三纲五常、三从四德等封建礼教重新被封为圣典，妇女仍然没有获得平等权利。如何谋求性别平权的出路呢？

三　在五四运动中实践

“十月革命一声炮响，给我们送来了马克思列宁主义。”“中国人找到了马克思列宁主义这个放之四海而皆准的普遍真理，中国的面貌就起了变化了。”[①] 从此，中国妇女解放找到了正确的指导思想，女性公共参与意识也从此生根发芽了。

马克思主义妇女观是在同各种非马克思主义的妇女解放思想和主张的比较中被选择的。以反对封建专制主义、封建伦理道德、提倡民

① 《毛泽东选集》（第4卷），人民出版社，1991，第1470—1471页。

主和科学为主要内容的新文化运动，是一场影响深远的思想启蒙运动。从一开始就把男女平权作为重要的议题。知识分子以西方民权、平权运动为武器，猛烈批判中国传统礼教、传统道德对妇女的压迫和摧残，从而掀起妇女解放的新浪潮。

《新青年》是新文化运动中宣扬妇女解放思想的一面重要旗帜。陈独秀在《新青年》发刊词《警告青年》中旗帜鲜明地提出："自人权平等之说兴……女子参政运动，求男权之解放也。"[①] 这一刊物的出版不仅与整个社会民主力量渐增、舆论氛围日渐宽松的社会环境相关，更与教育界、知识界的思想激荡有直接关系。随着人权学说和西方女权主义被大量介绍进来。他们关注世界女权运动的开展，将妇女问题的讨论置于更为广泛的领域展开，男女同校、社交公开、婚恋自主、经济独立等新议题得到充分讨论并在不同程度上付诸实践。他们翻译并引介西方女权主义的各派理论，探讨中国妇女问题。《新青年》从第 2 卷第 6 号开设"女子问题"专栏，集中刊登关于妇女问题的文章，总共发表专论妇女问题的文章 55 篇。陆续刊登了日本妇女与谢野晶子的《贞操论》、挪威易卜生的名著《娜拉》、美国纪尔曼的《妇女与经济》、瑞典爱伦·凯的《自由结婚与离婚》、日本厨川白村的《恋爱与自由》等，引起了强烈的反响。[②] 这些讨论的开展既从宏观上探讨妇女解放议题，又具体剖析有关妇女的问题，如贞操、恋爱、女性职业、女性教育、女子选举权等，[③] 为妇女问题的思考提供了重要的理论支持。

十月革命胜利后，马克思主义理论及其妇女解放思想开始在我国

---

① 陈独秀：《警告青年》，《青年杂志》第 1 卷第 1 号。

② 李静之、张心绪、丁娟：《马克思主义妇女观》，中国人民大学出版社，1991，第 134 页。

③ 顾秀莲主编《20 世纪中国妇女运动史》（上卷），中国妇女出版社，2008，第 136 页。

广泛传播。当时的《新青年》和其他进步刊物，大量报道十月革命后苏俄妇女地位的变化和获得解放的情况。《共产党宣言》《家庭、私有制和国家的起源》以及倍倍尔的《妇女和社会主义》等经典著作被译介流传，列宁关于妇女解放的言论不断出现在各类报刊。一批先进的知识分子开始运用马克思主义理论来分析和探讨中国的妇女问题。马克思主义妇女解放理论开始启发人们思考妇女解放的性质、目标和道路等问题，突破女权主义的局限，廓清与无政府主义的区别。

经过新文化运动洗礼，女性获得新的觉醒，特别是先进的知识女性和进步青年，以女学生为先锋，知识女性、女工和下层妇女纷纷投身反帝爱国运动，妇女运动进入新阶段。五四运动时期关于妇女争取和平解放与平等的途径和方法的探讨更加深入，远远超过新文化运动初期反对传统伦理道德的范畴，在女子教育、女子职业、女子参政等方面进行了初步的探索尝试，推动女性在实践层面争取自身权利。其中一个重要议题就是争取男女教育平等权。很多先进知识分子认为教育平等权是解决妇女职业、社交、婚姻、政治等妇女问题的基本前提。这一运动始于新文化运动的坚定拥护和参与者——蔡元培坚持男女平等的教育思想。五四时期的留法勤工俭学运动为中国妇女解放提供了一个新的契机。进步女性远涉重洋，尽管数量有限，但是为中国妇女运动的发展做出了不可磨灭的贡献。

随着国民革命的开展，五四运动中涌现出来的妇女领袖开始通过政治活动争取妇女权益，将妇女解放的基本诉求透过国共两党政治纲领确立下来。她们一方面借助政党力量，争取更多的妇女权益，另一方面为国共两党联合推动妇女运动做出自己的努力，使妇女运动蓬勃发展。总之，这一时期，政治、思想文化领域的剧烈变动在很大程度上改变了当时的社会观念，推动中国妇女运动从思想启蒙向社会运动发展。

四　在革命战争中推进

中国共产党的成立使中国妇女解放运动的面貌焕然一新。在成立之时就特别注重对妇女工作的领导和推动。根据马克思主义的妇女解放理论，结合当时国内的实际状况，制定了新的妇女运动方针。其中，特别强调中国的妇女运动应该与民族独立以及无产阶级革命紧密结合。与新文化运动初期相比，这一时期共产党人对妇女参与问题的关注已经从呼吁妇女走出家门、参与公共社交、争取教育权、实现经济独立和婚姻自由等具体问题上升到以马克思主义为指导，深刻剖析妇女受压迫的社会根源，“强调男女两性在互助中求得解放与进步的价值和意义，并明确提出只有社会主义才能有根本上解决中国妇女各种问题的理论高度”。[①] 李大钊、陈独秀、李达、向警予、瞿秋白、恽代英等早期马克思主义者都清晰地认识到马克思主义对指导中国妇女问题的重要理论价值，从加强舆论宣传、组织建设等方面致力于将马克思主义妇女解放思想与中国实际状况相结合。李大钊是早期在中国传播马克思主义的重要人物，他主要从经济基础、阶级划分、社会制度等方面对中国妇女问题进行了比较深入的探讨，他客观评价了女权运动的时代进步性，注意到阶级因素对中国妇女运动的重要影响，希望将妇女运动纳入民主和阶级解放运动中。他指出，妇女解放的根本途径是“一方面要合妇女全体的力量，去打破那男子专断的社会制度；一方面还要合世界无产阶级妇人的力量，去打破那有产阶级

① 顾秀莲主编《20 世纪中国妇女运动史》（上卷），中国妇女出版社，2008，第 194 页。

(包括男女)专断的社会制度"[①]。陈独秀主张妇女解放必须依靠建立社会主义制度来完成，提出"妇女问题虽多，总而言之，不过是经济不独立"[②]。他积极参与有关妇女问题的舆论宣传工作，支持创办《劳动与妇女》周刊，倡导妇女与劳动者联合起来，共同改造旧制度。李达发表《女子解放论》初步运用唯物史观系统分析妇女受压迫的经济原因和妇女获得解放的根本条件。向警予在赴法留学时接受了马克思主义，深刻认识到，只有"劳动解放了，妇女才得以真正的解放"。[③]

(一) 中国共产党成立初期

1921 年，中国共产党成立之初，就把上海中华女界联合会改组为党的临时中央妇女机构。12 月，《新青年》第 9 卷第 5 号刊登上海中华女界联合会的《改造宣言》《纲领》《章程》，原则上赞同"两性一体"，即要求男女两性具有同等的选举权、遗产权、教育权、职业平权及其他政治权利，同时力主女工和童工的人权，动员她们共同参与到抵抗军阀、财阀的运动中去，与国外妇女团体联合，同国际帝国主义斗争。1922 年 7 月，中共二大通过了《关于妇女运动的决议》。决议依据马克思主义基本原理和俄国妇女解放的实践经验，总结分析了中国近代以来的妇女运动，指出"妇女解放是要伴着劳动者解放进行的，只有无产阶级获得了政权，妇女们才能得到真正解放"[④]，明确把"帮助妇女获得普遍选举权及一切政治上的权利和自

---

① 李大钊:《战后之妇人问题》,《李大钊文集》(上)，人民出版社，1984，第 640 页。

② 中华全国妇女联合会妇女运动历史研究室编《五四时期妇女问题文选》，生活·读书·新知三联书店，1981，第 80—82 页。

③ 向警予:《今后中国妇女的国民革命运动》,《妇女杂志》1924 年第 10 卷第 1 号。

④ 中华全国妇女联合会妇女运动历史研究室编《中国妇女运动历史资料》(1921—1927)，人民出版社，1986，第 68 页。

由”作为重要奋斗目标。这是第一个以政党的名义通过的关于妇女运动的决议，其历史意义在于划清了中国共产党领导下的妇女运动与资产阶级妇女运动之间的理论界限，明确指出无产阶级革命才是妇女解放的根本途径，反映了中国共产党在民主革命时期的妇女运动总方针和指导思想，奠定了中国妇女解放运动的理论基础。据此成立共产国际妇女部中国特别委员会，创建妇女部，并在党的机关报上开辟妇女专栏，推动妇女运动。

《妇女运动决议案》通过后，党广泛组织开展女工运动，发展了第一批女党员和女团员，教育和培养妇女干部，加强妇女解放的舆论宣传。女工是当时开展妇女运动的群众基础和主要力量，共产党把动员、组织和教育工农劳动妇女作为重要方针，为此各地党组织通过办识字班、举办妇女俱乐部、教唱歌开展文艺活动等方式走近女工，调动女工参与革命斗争积极性，同时利用《妇女声》《妇女周报》等刊物报道和声援女工的斗争。据统计，1922 年全国主要城市 60 多个工厂的 3 万余名女工共举行罢工18 次。[①] 同时妇女运动的领导者认识到知识女性的引领作用。为了更好地培养女性人才，推动妇女运动，唤醒广大妇女的参与意识，党还创立了一系列的平民女校和其他培训学校。其中，1922 年 10 月以上海女界联合会的名义创办的上海平民女校既是党中央直接创办与领导的第一所培养妇女运动骨干的学校，也是中共中央的秘密联络点。平民女校根据所招学生的文化教育程度进行扫盲或提高教育，同时教学生一定的做工本领，还定期讲解马列主义和政治时事等，并且注重组织学生参加社会运动。这样理论和实践相结合的教育方式使一批妇女运动

---

① 顾秀莲主编《20 世纪中国妇女运动史》（上卷），中国妇女出版社，2008，第 197 页。

的骨干得到锻炼，逐步成长起来，成为之后妇女解放运动的推动者。女性媒体报刊的创立和发展为调动广大妇女全体的参与意识起到了重要的文化引导作用。除了主导《民国日报》副刊《妇女评论》《妇女周报》之外，党还在《向导》周报上开辟了妇女专栏，创办《妇女声》《女性》《妇女日报》等刊物，宣传男女平权、妇女解放和社会革命。共产党成立之初对妇女解放的宣传和推动，使妇女运动发生了历史性的转变。

（二）第一次国共合作时期

在第一次国共合作时期，中共三大《妇女运动决议案》和四大《对于妇女运动之决议案》是妇女解放运动的指导方针和工作策略。这两个决议案都主张以马克思主义为指导思想，确定党指导妇女运动的方针为："以工农妇女为骨干，在妇女运动中切实代表工农妇女的利益，并在宣传上抬高工农妇女的地位，使工农妇女渐渐地成为妇女运动中的主要成分。"① 同时实事求是地对上层女权运动、教会妇女运动、女学生妇女运动、劳动妇女运动做了分析。还特别注重妇女组织建设，为了系统指导全国妇女运动，三大成立了妇女委员会，四大提出吸收发展女党员，给予女党员关于妇女运动理论的训练，加强党对妇女运动的宣传和组织工作，同时重视通过创办刊物指导日常的妇女大众生活和妇女运动。改后的国民党通过了《中国国民党宣言》和《中国国民党党纲》，特别注意到了工人、妇女和农民的问题，提出"谋求劳资、男女平等"的主张。党纲在中国历史上第一次明确规定了妇女参政比例："青年、妇女及弱势团体之当选名额应不低于

① 中华全国妇女联合会妇女运动历史研究室编《中国妇女运动历史资料》（1921—1927），人民出版社，1986，第68页。

中央常务委员总名额百分之四十……妇女当选名额应不低于中央常务委员总名额四分之一。”[①] 1926 年，中国国民党二大在广州开幕，宋庆龄、何香凝被推选为中央委员，何香凝继任妇女部长，同时推选邓颖超为候补委员。会议通过了由宋、何、邓三人组成的妇女运动报告审查委员会起草的《妇女运动决议案》。

《妇女运动决议案》确立中国妇女运动的方针为带领妇女群众参加国民革命，同时特别注意引导妇女本身的解放。从法律和政治两个方面对国民党一大提出的男女平等原则进行了具体阐释，要求在教育、经济、法律等方面实行男女平等，包括妇女儿童权益，破除传统封建婚姻家庭制度对女性的束缚，呼吁广大妇女参与革命，加入革命队伍。这些制度化和具体化的议案对于调动广大妇女的革命热情、唤起她们的主体意识、扩大她们的参与领域都具有一定的指导意义。

（三）土地革命战争时期

1927 年，国共合作关系破裂，中国共产党被迫转入农村，建立革命根据地，探索农村包围城市的革命道路。由于当时留在农村的大部分是妇女，所以，发动妇女参加土地革命，保卫工农苏维埃政权，建设根据地成为这一时期妇女运动的主要内容。农村妇女第一次以独立身份走出家门，参与公共生活中，并逐步成为妇女解放运动的主要力量。1928 年 7 月，中国共产党第六次代表大会通过了《农民运动决议案》，指出：“党的最大任务，是认定农民妇女乃最积极的革命参加者，而尽量地吸收到一切农民的革命组织中来，尤其是农民协会及苏维埃。”[②] 党通过建立妇女组织，

---

① 顾秀莲主编《20 世纪中国妇女运动史》（上卷），中国妇女出版社，2008，第 208 页。

② 中央档案馆编《中共中央文件选集》第 4 册（1928），中共中央党校出版社，1989，第 358—359 页。

调动农村妇女参与革命的积极性，保护她们的特殊权益，并采取了相应的措施保障妇女的继承权、土地权、离婚权，反对童养媳、多妻制等，形成了一套调动和提高农村妇女全面参与意识的理论成果和实践做法。

以毛泽东为代表的共产党人在与“左”倾思想反复斗争、不断深入调查和思索的过程中，形成了一系列适合国情的引导妇女全面参与革命和根据地建设的思想、观点和方法。其中，具有开创意义的就是毛泽东1927年撰写的《湖南农民运动考察报告》，首次专门谈到中国妇女所受的“四权”的深重压迫。报告在深入调查中国妇女生存状况的基础上，指出与男性相比，女性处于更特殊的社会经济、政治、文化关系中，遭受更多的特殊压迫。毛泽东依据“人民群众是历史的创造者”的历史唯物主义观点，运用阶级分析范畴阐述了女性对革命的迫切需要，指出广大妇女占到人口半数，是不可或缺的革命主力，当前要扩大革命队伍，必须调动一切可以调动的力量，并且做出了中国妇女是决定中国革命胜败重要力量的判断。《湖南农民运动考察报告》是马克思主义妇女理论中国化的重要标志，是中国共产党人第一次站在革命全局的高度宏观考察妇女解放问题。

中华苏维埃共和国临时政府成立后，1931年，在瑞金召开的工农兵全国代表大会为共产党统治区实现妇女参政开了先河。《中华苏维埃共和国选举法大纲》明确规定：“在苏维埃政府控制的区域，所有工人、农民、士兵和劳动人民以及他们的家庭无论性别、民族和宗教，都是平等的，都是全中华苏维埃的公民。”并且规定：“为了全面地确保实现妇女解放的目标，苏维埃承认在婚姻选择方面的自由，它将实施各种计划来保护妇女……使得妇女能够全面地参与到社会经济和政治领域中去。"[①] 1932 年《临时中央政府文告人民委员会训令（第六号）——关于保护妇女权利与建立妇女生活改善委员的组织和工作》（以下简称《六号训令》）专门就组织、动员劳动妇女参加革命工作中的问题，提出了具体的解决方案，规定如何保障妇女逐渐参加全社会经济的、政治的、文化生活以及动员妇女和男性一样参与革命的动议。为了进一步做好保护妇女权益，调动妇女革命积极性的工作，共产党还通过建立妇女生活改善委员会。

在共产党的领导下，妇女群众在苏区的经济、政治和文化教育参与方面都取得了前所未有的成就。从 1931 年到 1934 年，苏维埃共和国共开展了三次全区域的民主选举，多数乡（镇）的苏维埃妇女代表近四分之一，江苏个别县妇女代表甚至达到 30% 以上。女性机关人员在川陕苏区各级苏维埃政府中的比例几乎占到 25%，省级机关中女干部达 150 名以上。[②] 在苏区出现了第一批从事司法工作的女干部，并且女性司法干部逐步增多。女性党团员的数量也有了较快增加，苏区的党校、团校、红军军校、苏维埃大学中都有一定数量的女学员。各级党政领导鼓励妇女干部参与讨论和决策。中国共产党积极探索培养女干部的路径和有益经验。

为了粉碎国民党当局的军事"围剿"和经济封锁，广大妇女广泛参与了根据地经济建设，成为劳动主力军。共产党带领广大妇女破除根深蒂固的传统劳动禁忌的束缚，组织妇女犁田队和插秧队参与农业生产。有些根据地组织托儿所，将劳动妇女的小孩交给年老的妇女去看管，以消除青壮妇女参加农业生产的顾虑。为解决红军的穿衣问

---

① 中华全国妇女联合会编《中国妇女运动史》（新民主主义时期），春秋出版社，1989，第 297—298 页。

② 顾秀莲主编《20 世纪中国妇女运动史》（上卷），中国妇女出版社，2008，第 332 页。

题，各苏区还成立了被服厂，由女战士承担军需供给任务。妇女广泛参与生产劳动，既解决了根据地人民的生活需要，也有力地支援了前线。另外，妇女群众还积极参与扩大红军运动，送亲人上前线，同时组织各种形式的慰劳队、洗衣队、救护队、唱歌队等慰劳红军，并且组织了整建制的妇女武装，武装保卫苏维埃。规模和影响较大的妇女武装有琼崖根据地的娘子军和川陕根据地红四方面军的妇女独立团。

婚姻法在根据地的颁布使得离婚以及离婚后的财产分配平等变得合理，给予妇女在离婚后抚养16岁以下孩子的权利，规定丈夫有责任支付她们的抚养费。广大妇女从封建婚姻的牢笼中被解放出来，逐渐独立自主，以极大的热情参加和支援革命，相当一部分妇女因此走上革命道路，为扩大红军、慰劳红军、支援前线、发展生产做出了巨大的贡献。这种婚姻改革把马克思主义基本原理与土地革命时具体的历史条件相结合，颠覆了传统的封建婚姻制度，唤醒了广大妇女的独立自主意识，也为以后革命根据地和解放区的婚姻立法提供了基础和借鉴。

苏区还组织了群众性的妇女文化教育运动，主要有学校教育、群众性社会教育和干部教育三种形式。7—14岁的学龄女童可以进入全日制列宁小学接受免费教育。青年妇女以职业技术教育为主，职业技术教育主要有职业学校和短期职业中学两种形式。成年妇女主要通过夜校和识字班进行教育，主要的教育形式就是识字和读书读报，这些活动渗透在苏区的日常生活中，有效提高了妇女群众的文化水平，为更好地唤起广大妇女的主体意识奠定了基础。

（四）抗日战争时期

抗日战争爆发后，为了适应全面抗战的新形势，共产党调整了妇女运动方针和组织，1937年9月，中共中央组织部颁发《妇女工作大纲》，大纲将民族解放运动与推动男女平等和妇女解放有机结合，通过争取参加民族解放运动提高妇女的觉悟和地位。提出妇女运动总目标是：在争取抗战民主自由中争取政治上、经济上和文化上的平等地位，改善与提高妇女地位。大纲对不同阶层的妇女提出了不同的斗争要求：动员资产阶级及小资产阶级妇女争取“爱国自由与参战民主自由权”；动员失业女工、农村妇女、城市贫民参加国防生产及一切国防建设与合作社等。大纲还就宣传教育、领导等问题提出具体策略，并且特别提出要在动员和组织妇女参加抗日的目标下，注意妇女自身利益的要求，同时强调“以下层统一战线团结女工、农妇、城市贫苦妇女及学生为依靠”[①]，把妇女运动对象扩展到各阶层妇女，推动根据地各界妇女抗日民族统一战线的形成。

抗日根据地经济状况十分困难，为了推动经济建设，党着力组织开展大生产运动。同时开展了整风运动，反对主观主义、宗派主义、党八股，以加强党的建设，树立马克思主义的作风。在整风运动中，基于妇女运动实际状况的深入调查，提出要摆正“孤立开展妇女运动倾向”[②]。1943 年初，中共中央在充分调研的基础上出台《中国共产党中央委员会关于各抗日根据地目前妇女工作方针的决定》（简称“四三”决定），“四三”决定批评以前妇女工作“没有深刻认识经济建设对于坚持抗战、建设根据地的重要意义，没有把经济工作看为妇女最适宜的工作，没有把握动员妇女参加生产是保护妇女切身利益最中心的环节”，明确指出“参加社会生产劳动，是妇女解放的一个基本条件”，并且提出了“发动妇女参加生产为中心的妇女工作方

① 顾秀莲主编《20 世纪中国妇女运动史》（上卷），中国妇女出版社，2008，第 408 页。

② 顾秀莲主编《20 世纪中国妇女运动史》（上卷），中国妇女出版社，2008，第 472 页。

针”。[①] 这一方针“符合马克思主义关于参加社会生产是妇女解放先决条件的理论，符合中国的实际，找到妇女问题的关键点”[②]，标志着中国共产党在运用马克思主义妇女理论促进女性参与经济社会建设方面的重大发展，在马克思主义妇女理论中国化的历史进程中具有重大意义。

妇女参政既是确保妇女的参政权利，也是培养和锻炼妇女人才的方式。抗战时期，根据地强有力的政策支持保证了妇女参政。各根据地一般都规定，参议员中必须有一定比例（1/4 或 1/5）的妇女，妇女代表基本由妇女团体产生。当时，华北地区由女同志主持地、县、区全面工作是比较普遍的现象，江苏淮属地委书记、宣传部长和组织部长都是女同志。[③] 1940 年，山东省专署级以上的女干部有 11 人，县级女干部 128 人。1945 年区级以上妇女干部增至 770 人，胶东参议会中有女参议员 16 人，占参议员总数的 12%。[④] 1941 年，晋冀豫各区进行村政普选，200 名妇女当选正副村长。[⑤]

战时女子教育对于提高广大妇女的参与认识起到了推动作用。在文化教育相对落后的农村根据地，除了正规的学校教育外，还开展了颇具规模的社会教育和冬学运动。通过开办识字班扫盲，广大妇女群众不仅学习科学文化知识，还接受了抗日爱国宣传和妇女解放思想启蒙。1940 年，《中共中央关于开展抗日民主地区的国民教育的指示》指出：“应该提倡男女同学，一切学校均应吸收女子入学。”[⑥] 为了吸

① 中华全国妇女联合会：《中国妇女运动重要文献》，人民出版社，1979，第 158 页。
② 顾秀莲主编《20 世纪中国妇女运动史》（上卷），中国妇女出版社，2008，第 474 页。
③ 顾秀莲主编《20 世纪中国妇女运动史》（上卷），中国妇女出版社，2008，第 502 页。
④ 中华全国妇女联合会妇女运动史研究室：《中国妇女运动史》，春秋出版社，1989，第 499 页。
⑤ 顾秀莲主编《20 世纪中国妇女运动史》（上卷），中国妇女出版社，2008，第 501 页。
⑥ 中央档案馆编《中共中央文件选集（1939—1941）》，中共中央党校出版社，1986，第 354 页。

收妇女参加识字班学习，妇救会干部挨家挨户做家庭其他成员的工作，帮助妇女安排好家务参加学习，灶前、炕头、纺车、碾台都成为她们识字的场所。识字班不仅培养了不少女通讯员，还成为组织妇女的重要形式，广大妇女群众在参与中找到了自信，提高了认识。

（五）解放战争时期

解放战争开始后，为了推翻“三座大山”，争取人民解放战争的最后胜利，中共中央号召全国各界妇女组织广泛的民族民主统一战线。为了动员妇女群众积极参加各种民主建设工作，当时关于妇女工作的指导思想明确规定，“男女干部同等能力者，应当分配同等工作，给予同等培养和教育机会，不得加以歧视”。[①] 1946 年 4 月前，妇女参加各解放区的民主选举的投票比例最低的为 60%，一般为 80%，最高的甚至达到 90%。妇女已经参与到各级政府机构工作中，边区各级参议会都有女议员，晋绥有省级女参议员 6 人，有县级女参议员 55 人。山东省有省级女参议员 12 人。[②] 此外，解放区妇女与男子享有同等受教育的权利，各解放区在受过教育的知识分子中选拔了大量妇女干部。

在解放区的土地改革运动中，政府明令保障妇女的土地权，使妇女的经济地位发生了很大的改变，又进一步推动了其社会地位和政治地位的改变，使妇女参加土改运动的积极性高涨。1948 年 5 月 15 日，中共中央向解放区中央局发出《中央对目前妇女工作的指示》，将妇女参政与土改、支前、生产三项任务相提并论，提出妇女工作是

① 中华全国妇女联合会编《中国妇女运动历史资料》（1945—1949），中国妇女出版社，1991，第 305 页。

② 中华全国妇女联合会编《中国妇女运动史》（新民主主义时期），春秋出版社，1989，第 544 页。

全党的工作，而不仅仅只交给妇女同志去负责。同时提出以农村家庭妇女及城市贫民为主要对象，以妇女运动的阶级路线代替抗日民族统一战线的政策，即“依靠贫雇农妇女为骨干，团结广大劳动妇女及一切爱国民主妇女”。指示还提出妇女的特殊利益问题，强调在农民翻身运动中注意扫除对妇女的封建束缚，在阶级的一致性与全体利益下，争取妇女的解放与权益。把妇女运动同土地改革、生产、支前参战结合在一起，同妇女干部培养、妇女参政以及妇女特殊利益的解决结合在一起，是这一时期中国共产党制定妇运方针的基本出发点。

1949 年 3 月，中国妇女第一次全国代表大会在北京召开，成为中国妇女有史以来的第一次全国规模的盛大会议，共 467 名代表，代表全国 2.5 亿妇女。大会通过了《中国妇女运动当前任务的决定》，选举了由 51 名执行委员、21 名候补执行委员组成的中华全国民主妇女联合会。至此，中国妇女建立了妇女解放运动统一战线，广泛团结各阶层妇女参加革命斗争和妇女解放斗争，为全面参与新中国的社会主义建设奠定了组织准备。

第二节　解放与进步：新中国的女性公共参与意识培育

从新中国成立到改革开放前，受制于较低的政治经济发展水平，女性的公共参与意识无法跨越经济和文化的制约，但是自上而下确立的男女平等的社会制度使女性在整体素质不高的情况下广泛参与到社会主义建设的各个领域。女性公共参与意识在“被解放”的动员型政治话语下有了一定的进步，虽然层次不高，但是为女性自主参与意识的充分觉醒打下了实践基础。

新中国建立伊始，百废待兴，百业待举。要在这样“一穷二白”的基础上建设社会主义新中国，妇女必然是一支伟大的人力资源。而要充分调动广大妇女参加社会主义革命和建设的积极性，就必须从妇女的切身利益出发，制定相应的政策和法规。首先要从“人”的角度出发，正视妇女在旧社会备受压迫的社会地位和深受封建思想毒害的思想观念，从政治、经济、人格等方面真正使妇女成为国家的主人。因此，思想教育、宣传启蒙、启发觉悟、改变观念就成了新中国建立初期党和政府的一项重大要务。

党和政府在人民群众中间进行了广泛的思想宣传教育，如破除旧的婚姻观念，大力开展扫盲运动，发动妇女参加土改。新中国第一部婚姻法的实施颁布，使广大妇女从数千年封建婚姻制度的桎梏中解放出来，获得了独立人格，享有了平等的婚姻家庭地位。土地改革法的贯彻实施使妇女第一次享有了土地所有权，成为生产资料的主人，获得经济解放。第一部选举法赋予女性平等的选举权、被选举权和管理国家的权利。宪法的颁布从根基上保障了妇女的人权。新法的推广、劳动保险条例的实施也为维护妇女的特殊权益提供了政策保障。在建设新中国的号召下，广大妇女群众走出家门参加社会劳动，以前所未有的热情投入火热的社会主义建设大潮中，在生产生活的各个领域涌现出一大批女劳模、女能手，妇女成为国家经济建设的主力军。在这个过程中，女性在“觉悟”后与国家联手互动，既是改造社会的主体，同时也作为客体在改造中被启蒙和建构。我们看到，妇女们思想认识的提高或改变，关乎的不仅是妇女自身的解放，也是一场深刻的社会变革。这一时期的女性公共参与始终融入实现国家民主富强、人民幸福富裕的主题中，伴随着国家和社会的进步蓬勃发展。

一　政权建设提供参与平台

在政治参与方面，妇女界积极参与新中国的创建工作和各项重大决策。中华全国民主妇女联合会作为23个人民团体之一，参加了新政协的筹备工作。占代表总人数10.4%的女界代表参加了中国人民政治协商会议第一届全体会议。妇女运动的杰出领袖宋庆龄作为特邀代表参加中国人民政治协商会议，并发表讲话。全国民主妇联副主席邓颖超做大会发言，指出中国人民政治协商会议“开辟了中国妇女在政治地位上的新纪录”，希望各级人民政府“注意保障共同纲领中所赋予妇女的各项权利，尽可能吸收妇女参加各级政府工作……使她们在实际工作中得到更多的锻炼机会”，并号召广大妇女为建设新中国而努力。[①] 共同纲领在新中国建立初年具有临时宪法的作用，在总纲第六条明确规定：“中华人民共和国废除束缚妇女的封建制度。妇女在政治的、经济的、文化教育的、社会的生活各方面，均有与男子平等的权利。”以法律的形式赋予女性与男子平等的权利，充分体现了党和政府对女性的尊重，为女性广泛参与新中国的各项建设提供了法律依据和制度保障。一批妇女运动领袖和有影响力的女性担任了中央人民政府机构的重要领导职务，如表2-1所示，从新中国成立到1954年第一届全国人民代表大会召开，政务院所设的4个委员会中有14位女委员，下设的30个工作部门中有7位女性担任重要职务，李德全和史良分别担任首任卫生部和司法部部长。女性作为主体参与国家事务的决策和管理，登上了新中国政治生活的舞台，实现了历史性跨越，为女性参政开辟了崭新的一页。

① 转引自顾秀莲主编《20世纪中国妇女运动史》（中卷），中国妇女出版社，2013，第3页。

表 2－1　在政务院任职的女性领导人

姓名	部门	职务
史良、刘王立明、谢雪红、邓颖超、李秀真	政治法律委员会	委员
罗叔章	财政经济委员会	委员
胡子婴	财政经济委员会	委员
李德全、丁玲、沈兹九、雷洁琼、刘清扬	文化教育委员会	委员
帅孟奇、张秀岩	人民监察委员会	委员
李德全	卫生部	部长
史良	司法部	部长
何香凝	华侨事务委员会	主任委员
张琴秋	纺织工业部	副部长
钱正英	水利部	副部长
刘亚雄	劳动部	副部长
许广平	政务院	副秘书长

为了保障妇女的普选权，1953 年，时任政务院副总理、选举法起草委员会委员邓小平特别指出，要注意在各级人民代表大会选举中选出适当数目的妇女代表。各级党委、政府广泛动员女性参加普选，许多地方成立了包括妇女在内的选举委员会。在选举工作中，加大对女性的宣传力度，编写、翻印多种宣传材料，全方位组织女性学习，采用说唱、快板、图画等群众喜闻乐见的形式宣传男女平等的思想，调动女性参与选举的积极性。全国妇联号召广大妇女以实际行动获得与男子一样平等的政治权利，指导广大妇女群众要积极理性、严肃慎重地行使选举权，选出群众真正拥护的优秀分子。经过一年多的紧张工作，选出了基层妇女代表 98 万人，占代表总数 17.31%，选民中妇女参加投票的占到登记的女选民总数的 84.01%。1954 年，第一届全国人民代表大会第一次会议举行，这标志着人民代表大会制度作为新中国根本政治制度的根本确立，占代表总数 12% 的女代表出席了

大会，参与了对政府工作报告的讨论，并且从女性特殊性出发为改善卫生医疗工作、争取同工同酬建言献策，这种高层次的权力参与标志着女性已经成为管理国家事务的一支重要力量。

中国共产党一直非常重视女干部的培养和选拔。1956 年 9 月，邓小平在中共八大所作的《关于修改党的章程的报告》中提出："党必须用很大的决心培养和提拔妇女干部，帮助和鼓励她们不断前进，因为她们是党的干部的最大来源之一。" 1957 年，中组部指出"组织上在调整干部或下放干部时，应该根据具体情况，尽可能地照顾到女干部的专业、特长和原来工作的性质"，同时要求女干部克服不正确的思想认识，正确对待工作中的困难。由于受到"大跃进"人员缩编的影响，各级妇干校停办，女干部人数明显下降。针对这种状况，社会主义教育运动开始后，全国妇联主席蔡畅专门在中共中央工作会议上就培养和提拔女干部问题发言，建议全党要有意识地加强对女干部的培养教育工作，建议组织注意提拔优秀女干部参加各级党政工作，要求女干部学会在实践中成长，党委对女干部既要严格要求，又要解决女干部的实际问题。女干部队伍经历了曲折的发展成长后，在全面建设社会主义时期的 10 年间有了一定的增长，到 1964 年 10 月，全国女干部总数增至 161 万余人，比 1957 年增加了 10 倍多。各级地方政府中也出现了不少女性领导，尤其是一些基层的女社长、女乡长的出现，加强了基层妇女参政的力量。也有越来越多的女劳模和少数民族女干部走上领导岗位，扩大了女性基层政权的基础，推动了这一时期妇女参政的发展。

二　经济基础奠定参与前提

1950 年，《中华人民共和国土地改革法》颁布，规定农村妇女享有与男子同等的土地所有权。由于封建制度影响根深蒂固，中共中央采取了“依靠农民的政治觉悟和组织力量，发动农民自己打倒地主以取得土地、保卫土地的群众路线的方针”[1]，并且把农村妇女作为重要的发动力量。1950 年 8 月，《新中国妇女》发表《坚持贯彻男女农民一起发动的方针》社论，强调要充分认识到妇女在反对封建制度中的重要作用，发动妇女的关键在于肃清领导干部中的重男轻女思想，强调妇女只有参加土改，分得土地和生产资料，获得平等的经济权利，才能获得真正的解放。[2]

为了动员广大妇女参加土改，各级民主妇联开展思想教育，启发她们的阶级觉悟，使她们认识到贫困的根源。召开农代会和妇女座谈会，运用乡村读报组、夜校、黑板报等形式，向广大妇女宣讲土地政策，提高政治觉悟。同时还与农民协会召开婆婆会、丈夫会等，对他们进行说服教育，宣传男女平等和妇女解放，使他们认识到妇女在土改中的重要作用，不要阻碍妇女参加土改，从而帮助解除妇女们的思想顾虑。

通过参与土改运动，从根本上铲除了中国封建制度的根基，农村妇女成为生产资料的主人，农村妇女加入农民协会和农村政权组织的人数也大大增多，一大批妇女积极分子还担任了乡村政权中的管理干部，既促进了农村生产力的恢复和发展，也破除了长期以来对女性的歧视和偏见，使广大农村女性树立了劳动光荣的思想，并且通过参加农业生产，改善了家庭生活，提高了自身的经济和社会地位。

新中国成立之初，城市女工积极参加工业生产恢复工作。为了更

---

① 中共中央党史研究室：《中国共产党历史（1949—1978）》（第 2 卷），中共党史出版社，2011，第 95 页。

② 《坚持贯彻男女农民一起发动的方针》，《新中国妇女》1950 年第 14 期。

好地发挥广大女工的主人翁精神，企业废除了封建把头制，尤其是侮辱女工的搜身制，使广大女工摆脱了人身侮辱，激发了她们的劳动积极性。1951 年颁布的《中华人民共和国劳动保险条例》还对女职工的生育待遇做出规定：女职工生育有 56 天产假，产假期间工资照发；怀孕女职工的检查费、接生费由企业行政或资方负担。对女职工劳动保护的规定，增强了女职工对新政权的认同感和对企业的归属感，使她们以高涨的热情投入新中国的工业建设中。在传统行业，女职工积极参加技术革新，创造了许多先进的工作方法，提高了劳动生产率，以国营青岛第六棉纺织厂的纺织女工郝建秀为典型代表。一些过去很少有女性参与的重工业、交通运输业、国防建设等领域也开始出现了女性。比如，第一批女火车司机、第一批女售票员、第一批女电车司机、第一批女飞行员、第一支女子石油测量队，还出现了第一批女瓦工、女窑工、女木工等。为了响应毛主席的指示，妇女还积极投身边疆生产建设。据不完全统计，到 1954 年，进疆参加经济建设的女性共计 3.93 万人，占部队全体人员的 21.35%。[①]

随着社会主义改造的全面展开，广大农村妇女加入农业合作社，参加互助合作运动。为了更有效地保护和调动妇女群众的积极性，《农业生产合作社示范章程草案》规定“在合作社的领导人员和工作人员里面，女社员应该占有一定的名额”[②]，注意在入社过程中有计划地培养和训练妇女骨干，吸收农村中的妇女积极分子入社，提拔她们到合作社的领导岗位上来。针对评定土地产量和劳动力报酬等重大经济问题中的女性歧视问题，各级党委按照自愿互利、民主参与的原

① 顾秀莲主编《20 世纪中国妇女运动史》，中国妇女出版社，2013，第 66 页。

② 中共中央文献研究室编《建国以来重要文献选编》（第 7 册），中央文献出版社，1993，第 394 页。

则做出修订，尤其是在贯彻男女同工同酬原则过程中，对于一些重男轻女的做法和机械解释的做法进行了艰苦的斗争。

男女同工同酬由申纪兰首倡，由山西推向全国，契合了新中国建设初期“增产增收”的时代大潮，也契合了中国共产党解放妇女的政治主张，而且为在全国范围内推行这一政策做好了历史性的准备。[①] 1953 年 12 月 16 日，中共中央通过了《关于发展农业生产合作社的决议》，明确提出男女“同工同酬”的概念，制定了男女劳力应该按照工作的质量和数量，实行同样报酬的原则。[②] 1954 年 9 月，男女同工同酬正式写入《中华人民共和国宪法》。《中华人民共和国宪法》第 48 条第 2 款规定：“国家保护妇女的权力和利益，实行男女同工同酬。”1955 年 11 月，全国人大公布的《农业生产合作社示范章程草案》推荐了两种工分制，即“死分活评”和“定额记工”，要求无条件实行男女同工同酬。这两种记工方法比以前的工分制度更加灵活，对提高妇女的劳动积极性产生了一定的作用。随着“男女同工同酬”在全国的普遍推行，申纪兰开始从西沟走向省城和北京，作为农村妇女的杰出代表，她的社会影响力也与日俱增，先后当选全国劳动模范、第一届到第十三届全国人大代表、全国三八红旗手、全国道德模范、山西省特级劳动模范、太行英雄、山西省杰出女性，受到历届国家最高领导人的接见，成为具有时代象征意义和文化符号价值的女性政治参与典范。

这一时期，女手工业者也走上合作化道路，成为国家集体所有制

① 畅引婷：《共和国见证者的生命足迹——以全国劳模申纪兰为中心》，《山西农业大学学报（社会科学版）》2018 年第 10 期。

② 当代中国农业合作化编撰室：《建国以来农业合作化史料汇编》（上册），中共党史出版社，1992，第 174 页。

的女职工，一些先进女社员担任了合作社的领导，许多人被评为模范和先进生产者，既推动了手工业由个体经济向集体经济的转变，解放了妇女生产力，又提高了个体女手工业者的社会地位，为他们发挥专长创造了条件。女工商业者和工商界家属也在党和政府的帮助、宣传和动员下，经过一番思想斗争选择为建立社会主义集体经济贡献力量，成为社会主义的劳动者和建设者。总之，所有制的变革使妇女的集体主义意识、社会主义意识增强，促进了生产力的发展，广大妇女用自己的劳动和奉献参与到社会主义经济建设中。

三　文教发展提高参与素质

由于长期封建文化的毒害，新中国成立之初，90%的妇女是文盲，农村妇女文盲更是高达95%以上。为了提高广大妇女的文化素质，使她们适应新社会发展需要，党和政府有步骤地进行了教育文化改革，在全国掀起了一场声势浩大的扫除文盲运动。

运动初期，各级民主妇联通过开展动员大会、小型座谈会、老太婆会，挨门挨户访问等多种动员方式，向妇女宣传扫盲运动的重大意义，使她们认识文化学习与社会主义建设、妇女解放的关系，提高她们参加学习的积极性。农村的扫盲工作主要利用农闲时间开展“冬学”运动。“冬学”教育的内容包括政治和文化两个方面。在政治教育方面，妇联干部向农村妇女宣传建立新中国的伟大意义，讲述政治形势和劳动妇女的任务，鼓励妇女学习先进的农业生产技术，树立劳动光荣的思想。通过学习，提升了她们的政治意识，使她们认识到自己是新社会的主人。在文化教育方面，以识字教育为主，适当加入妇女卫生常识和保障妇女权利的教育。还专门为妇女识字编写了教材，如旅大民主妇女联合会出版的《新女儿经》《助产常识》《妇女课本》《怎样做个好会员》等四种劳动妇女通俗读本。女工和家庭妇女是城市扫盲运动的重点，夜校是主要形式，课程主要有政治、国文、算术、史地、卫生等。扫盲运动在一定程度上提高了妇女的文化素质和政治觉悟，增强了她们的主人翁意识，鼓舞了她们全面参与社会主义建设的信心和勇气。

学校教育制度的革新是教育文化改革的重要组成部分。1951 年 10 月 1 日，教育部公布了《关于改革学制的决定》，构建了使各级各类学校互相衔接的学校系统，保证了工农子女受教育的平等权利。经过恢复、改革、整顿和发展，女子教育取得了良好的开局。在初等教育方面，教育、妇联等相关部门采取座谈走访、逐户宣传等方式，帮助群众破除男尊女卑的旧观念，动员大批女童入学，使女孩在入学方面真正与男孩子平等。到 1956 年，全国小学女生达到 2231. 5 万人，占全部学生数的 35. 2% 。[①] 普通中学女生达到 151. 43 万人，占总学生数的 29. 3% 。[②] 中等技术学校在校学生 30 余万人，其中女生近 7. 61 万人。高等学校，不论是女生人数还是女生所占比例都在不断增加。女教师队伍也随之不断壮大，尤其是高等学校和中等学校增速较大。

在科技文化领域，新中国成立之初，一批留学海外的女科技工作者归国建设新中国。新中国第一位女学部委员林巧稚，中国第一位女核物理专家何泽慧，都开创了女科学家的新纪元。谢希德任教复旦大学物理系。范希孟等试验成功的汽油防胶剂，填补了国内空白。陆士嘉参与创建了我国第一所新型航空高等学府——北京航空学院，金属

① 《中国教育年鉴》编辑部编《中国教育年鉴（1949—1981）》，中国大百科全书出版社，1984，第 1024 页。

② 《中国教育年鉴》编辑部编《中国教育年鉴（1949—1981）》，中国大百科全书出版社，1984，第 1008 页。

物理学家李林参加第一个原子能反应堆的实验、第一颗原子弹引爆材料工作的实验以及第一艘核潜艇材料的实验，郑凤荣第一次打破女子跳高世界纪录，等等。20 世纪 60 年代，一批优秀的女科技工作者成为中国科学技术领域的骨干。理论物理学家王承书隐姓埋名，勇挑重担，为研制我国第一颗原子弹的装料工作做出了突出贡献。微体古生物学家郝诒纯指导青年教师主编了中国第一部《微体古生物教程》。分析化学家和石油化学家陆婉珍完成了第一代钝化剂及水处理剂的研制工作。一大批女化学家在生物、医药、化工等领域都做出了优异成绩，就连以往很少有女性涉足的天文学领域也出现了叶叔华等杰出女性的身影。

文化产品是文化的重要载体。在“百花齐放，百家争鸣”的文化方针指引下，女性文学艺术工作者队伍不断成长壮大。1960 年，中国文学艺术代表大会第三次代表大会有女代表 250 人，占到总代表人数的 11%，其中有 32 人当选全国委员会委员。[①] 这一时期成长起来一批优秀女作家，她们创作了许多直面社会现实、深刻反映社会矛盾的作品，有力地抨击了阻碍社会进步的消极现象，塑造了有代表性的人物形象，达到了用高尚的作品鼓舞人的效果。如柳溪的小说《爬在旗杆上的人》、宗璞的《红豆》、茹志娟的《百合花》、杨沫的《青春之歌》等，都在读者中引起强烈反响。

新中国成立以来，党和政府倡导继承和发扬民族文化中的优良传统，重点发展人民文艺、戏剧、电影。广大女性文艺工作者深入群众生活，创造出一大批有时代特色、反映劳动人民生活和斗争、启发人民觉悟的优秀作品。戏曲领域涌现出了评剧表演艺术家新凤霞、豫剧

① 罗琼主编《当代中国妇女》，当代中国出版社，1994，第 368 页。

艺术表演家常香玉、越剧旦角流派“袁派”创立者袁雪芬、黄梅戏“严派”严凤英、沪剧表演艺术家丁是娥、晋剧表演艺术家丁果仙等优秀的女性艺术家。电影艺术方面，老一代女影星，如白杨、张瑞芳、舒绣文等继续施展才华，一批影坛新秀也受到重视。石连星因塑造《赵一曼》成为新中国第一位在国际上获奖的电影演员。青年演员田华主演《白毛女》获得卡罗维发利国际电影节特别荣誉奖。白杨主演《祝福》也获得国际电影节特别奖。从解放区、国统区以及海外归来的女歌唱家、女音乐家形成了中国女音乐家队伍的骨干力量。女作曲家瞿希贤创作了《全世界人民心一条》获得柏林第3届世界青年与学生和平友谊联欢节作曲比赛二等奖。郭兰英把传统戏曲艺术中的唱功与做功融合到新歌剧中，塑造了一系列富有个性的人物形象。舞蹈家戴爱莲先后担任中央戏剧学院舞蹈团团长、中央歌舞团团长和北京舞蹈学校校长等职，创作了《荷花舞》《飞天》等多部优秀经典作品，斩获国际大奖。此外，广大妇女在群众性文化生活中也十分活跃。文艺工作团中女演员众多，还出现女子电影放映队。

总之，在新中国成立不长的时间内，女性整体受教育水平得到了快速提升，女性在科技、教育、文化、艺术等领域积极进取，发挥聪明才智，创造了伟大的物质文明和精神文明，为国家赢得了荣誉，女性自身也在参与中树立了自信，其社会地位发生了历史性变化。

四 社会保障改善参与环境

解放之初，旧中国遗留下来的社会痼疾，如卖淫嫖娼、贩毒吸毒等严重毒化人们的身心，危害社会的安定。“娼妓制度”的废除对新中国成立之初的中国妇女来说，不仅具有解放身体的意义，还有思想教育的价值，是民主改革和推进社会风气改良的重要步骤。当时林立全国的教养所，由此而形成的天津模式——寓禁于限，逐步消灭；北京模式——雷厉风行，一举拿下；上海模式——全面封闭，集中收容；以及其他地区的“依例援引”；等等，都对改变旧社会中国女性的“工具性”“附属性”起到了积极的改造作用。教养所鼓励妇女把自己的苦楚说出来，痛斥老鸨对她们的压榨和剥削，教育她们树立劳动光荣的观念和独立自主的信心，帮助她们破除贪图享乐和不劳而获的思想认识，引导她们转变成自食其力的劳动者。30 年后，对原北京市妇女生产教养所干部的一项跟踪调查显示，从教养所走出来的学员中有很多思想进步，工作积极，有的成了先进工作者，有的当了班组和车间的负责人，还有的入了党，成为国家干部。[①] 可见政府强有力的废娼妓措施使她们得到了解脱，产生对新政权的认同和热爱，也燃起了她们自食其力、重新生活的勇气和希望。

新中国成立后，妇幼卫生状况得到了很大的改善。新法接生广泛推广，降低了孕产妇死亡率，提高了新生儿的存活率。到 1956 年，全国已经建立妇幼保健机构 4564 所。[②] 城乡普遍建立了三级妇幼保健网，形成了群众性妇幼卫生保健工作的服务网络，许多危害妇女身心健康的疾病如滴虫性阴道炎、子宫脱垂、宫颈癌等得到防治。同时，妇联积极配合政府有关部门，发挥宣传、教育、组织、动员的作用，开展了提倡“三净”“三多”，反对“三脏”等一系列卫生运动。为了解决生育子女过密给女性带来的学习、工作和生活问题，控制过快增长的人口数量，1955 年新中国出台了第一个关于节制生育

① 刘晓丽：《1950 年的中国妇女》，山西教育出版社，2014，第 386 页。

② 中华全国妇女联合会妇女研究所、陕西省妇女联合研究室编《中国妇女统计资料（1949—1989）》，中国统计出版社，1991，第 479 页。

的政策性文件，并把这一精神通过广播、黑板报、展览会、图片等多种方式深入妇女群体宣传，最终节制生育的观念和避孕、节育的方法逐渐被广大妇女群众了解和掌握。党和政府在妇女卫生事业方面的举措不但有助于提高妇女的健康水平和生活质量，也为妇女更好地参与生产劳动和社会活动提供了重要保证。

抗美援朝运动是新中国成立初期中国人民社会生活中的一件大事。全国民主妇联响应中共中央的号召，发表宣言，要求各界妇女“发挥高度爱国热情努力生产、工作、学习，增强抗美援朝的力量”。广大妇女踊跃参加和平签名和聚会游行，积极开展爱国增产与捐献，通过支前、参军等支援抗美援朝，广大妇女完成了一次爱国主义和国际主义教育。

1949 年 3 月 24 日，中国妇女第一次全国代表大会召开，成立了全国民主妇联。其执行委员会为全国代表大会闭会期间的最高权力机关，1953 年增设了书记处为常务委员会闭幕后处理日常工作的组织机构。之后，民主妇联组织在省、市、县等各级逐步建立。中国共产党从二大开始就在党的中央组织机构中一直设有领导妇女运动的工作机构——妇女运动委员会。新中国成立后，中央妇委作为中共中央的一个机构，协助中央研究和指导妇女运动和妇女工作。其办事机构设在全国民主妇联，其主要成员同时也是全面民主妇联党组的主要领导。由于妇委干部配备不齐，而妇联组织不断健全，与妇委之间职能交叉，分工不明确的问题日益突出。1958 年，中共决定撤销中央妇委，扩大全国民主妇联党组。

民主妇联组织把培养妇女干部、提高干部的文化业务水平作为新中国成立之初的要务。1949 年 8 月，全国民主妇联接管了原河北省立女子职业学校，更名为新中国妇女职业学校，次年又更名为全国妇联妇女干部学校，全国民主妇联第一届执委刘清扬任校长。[①] 也就是现在的中华女子学院的前身。学校开设政治理论课和业务课，主要组织学员学习马列主义毛泽东思想和时事、政策，同时讲授妇女运动史、妇女工作方针和人物以及妇女研究的专业知识，把提高学员的政治理论水平和思想觉悟与促进妇女发展的专业素养融为一体。地方妇联干部的培训也在20世纪50年代取得了发展，一大批革命圣地妇联干部进入妇联干部学校或培训班学习培训，提高了业务素质和文化水平，为更好地参与管理工作打下了重要基础。

对妇女进行宣传教育，是提高妇女参与意识、解放思想的重要方式，也是妇联工作的主要内容。1951年7月，全国民主妇联第一次宣传教育工作会议通过了《关于妇女宣传教育工作的决议》，要求各级民主妇联“运用各种宣传工具和各行机会来进行妇女宣传教育工作”，并提出在妇女群众中进行宣传教育的工作内容应主要包括一般的政治教育、妇女问题教育、文化教育和技术教育。要求各级民主妇联通过必要的组织和步骤，推动各方面对妇女进行宣传教育，尤其“着重用通俗化的内容和形式”。在土改运动、抗美援朝、农业生产合作化以及大力宣传宪法和婚姻法等运动中，各级妇联运用各种宣传工具，通过各种渠道对妇女群众进行普遍深入的宣传教育。在此过程中，全国民主妇联和各地妇联还创办了多种妇女报刊，从理论和实践方面探讨妇女问题，研究妇女工作，向广大妇女宣传和普及时事知识及生活常识，受到了广大妇女的欢迎。

在妇联组织的领导下，开展了一系列以妇女为主体的社会工作。从武汉市妇联开始发起的“五好”活动，经全国民主妇联与全国总

---

① 罗琼主编《当代中国妇女》，当代中国出版社，1994，第563页。

工会、团中央等13个单位正式发起倡议后，在全国范围内推广，逐渐形成热潮，各地涌现出许多“五好”积极分子和“五好”家庭，对创造团结和谐的社会氛围起到了积极的推动作用。妇联还配合政府有关部门和群众团体，全面开展了新中国的妇女儿童福利工作，使托幼组织大发展，解决了职工孩子的保育教育问题，也促进了妇女就业。

全国民主妇联还积极开展了中国妇女同世界各国妇女以及国际妇女组织进行的友好交往和合作，并受中国政府的委托参加了政府间有关妇女问题的国际多边活动。1949年12月10日，亚洲妇女代表会议在北京隆重举行，中国组成110人的代表团，由时任全国民主妇联副主席的邓颖超担任团长，同来自世界23个国家的197名代表出席了会议。[①] 大会确定了亚洲妇女运动的总方针与任务，通过了保卫妇女权利、保卫儿童权利等多项决议及《致亚洲各国妇女姊妹书》。这次会议提高了中国和中国妇女的国际声誉。之后，中国又派妇女代表参加“国际妇女对侵朝美军暴行调查团”赴朝调查，出席国际保卫儿童会议、国际民主妇联第三次世界妇女代表大会、世界母亲大会和国际民主妇联理事会，通过这些活动，中国妇女与世界各地的妇女代表和妇女组织进行了互访，建立了友谊，促进了国际妇女运动的团结和发展，中国妇女也更加自觉地承担起国际义务，成为国际妇女运动的一支重要力量。

在全面建设社会主义时期，面对美苏对抗的国际关系格局变化，中国妇女积极配合中国争取“中间地带”的外交政策，继续加强与

---

① 中华全国妇女联合会编《中国妇女运动百年大事记（1901—2000）》，中国妇女出版社，2003，第133页。

亚非拉国家妇女开展友好往来，支持她们争取民族独立的运动，并以寻求友谊、寻求知识的目标发展与日本及西方国家的友好关系，同时积极参与国际民主妇联的会议和活动，与追求和平进步的各国进步力量相互支持、相互鼓励，结成了最广泛的统一战线。

除了全国民主妇联外，还有各类妇女团体也积极开展妇女工作。全国民主妇联发出吸收团体会员的通知后，共有全国总工会女工部、中国妇女联谊会、中华妇女节制会、中国基督教女青年会四个团体会员，代表不同妇女群体的利益和要求，在教育动员妇女参加社会生产、支援国家建设、为妇女儿童服务等方面发挥积极作用。中华全国总工会女工部的会员涵盖了大部分女职工，代表广大妇女为各地女工劳动保护条例的出台进行了不懈的努力。中国妇女联谊会是以知识女性为主体、团结动员妇女参加民主运动的全国性进步组织，采取讲座、报告、授课等系统学习方式增强和提高会员的爱国主义思想和参与国家建设的热情。中华妇女节制会是世界基督教妇女节制会的一个属会，新中国成立后，该会重新确立了“以团结家庭妇女，进行自我教育、改造，参加生产，从事儿童福利、世界和平等事业，发挥其潜在劳动力量为妇女的彻底解放及中国的经由新民主主义向社会主义社会迈进而奋斗”的宗旨，响应政府号召，协助推行国家的中心任务，支援国家建设。作为世界妇女节制会的属会，中华妇女节制会还利用各种国际会议维护国家尊严，坚持一个中国的立场，积极宣传新中国妇女地位的提高和妇幼福利视野的发展。新中国成立后，中华基督教女青年会通过“三自”（自治、自养、自传）的爱国运动确立了反帝爱国的立场，成为中国基督教妇女自己办的社会团体，根据其宗旨和团结妇女的需要，伴随着国家经济建设路线的推进调整服务对象和工作方针，充分发挥其人才优势，开展了教育培训、社会服务等多种活动，真正为妇女服务，为社会服务，为国家建设服务。

第三节 发展与觉醒：改革开放以来的女性公共参与意识培育

1978 年 12 月，中共十一届三中全会召开，我国进入改革开放的历史新时期。在改革开放大变革大发展的背景下，国家的制度安排使女性在政治、经济、文化、社会各个领域由“缺席”向“在场”转变，女性的公共参与意识逐步实现真正的觉醒与发展。参与意识和参与能力大大提高，自主参与的广度和深度都有所增强。

改革开放为女性的全面参与创造了前所未有的良好环境，开创了女性参与的崭新局面和女性发展的崭新时代。中国特色社会主义妇女理论为推动女性参与提供了强有力的理论武器。国务院妇女儿童工作协调委员会的成立为女性参与提供了机制保障。党和政府积极采取措施，扩大妇女就业，鼓励妇女多渠道就业和自主创业，制定女职工劳动保护条例，进一步维护女性的权益，促进女性发展。广大妇女更新观念，提高素质，以前所未有的热情和开拓创新的勇气全面参与改革开放和现代化建设的伟大实践。

一 经济体制改革中的女性参与

1978 年 12 月 26 日，也就是十一届三中全会闭幕后的第四天，全国妇联主席康克清发表了《把妇女工作的着重点转移到现代化建设上来》的讲话，指出加快实现现代化是我国妇女解放的根本途径，要深刻认识实现四个现代化同妇女解放的关系，把妇女干部的思想和妇女工作的着重点转移到四个现代化上来，把实现四个现代化和关心妇女群众生活、保护妇女切身利益结合起来，组织广大妇女群众向四个现代化挺进。1979 年 3 月，全国妇联召开第四届常务委员会第二次扩大会议，通过了《紧跟党的工作着重点的转移做好妇女工作》的决议，明确提出："各级妇联必须在党的领导下，继续贯彻执行我国妇女运动的崇高任务。以生产为中心，调动各族、各条战线妇女群众的社会主义积极性，发挥她们的特长，积极投入增产节约运动，为出色完成今年国家的工农业生产任务，在调动国民经济中，作出新的贡献。"

农村和城市的经济体制改革解放了女性生产力，调动了女性的生产积极性，为女性提供了施展才华的广阔天地和发挥优势的良好条件。随着农村家庭联产承包责任制的施行，家庭成为基本的生产劳动单位，农民拥有了经营自主权，农村妇女的劳动所得可以以实际劳动成果体现出来。广大妇女积极响应国家发展农村多种经营的号召，从实际出发，学习科学文化和经济管理知识，广开生产门路，成为庭院经济的主要承担者。社会上还涌现出一批以妇女为主的专业户。农村妇女抓住改革带来的发展契机，充分施展才能，不断增强自我意识、竞争意识和市场观念，自觉树立了自立自强、奋发进取的主人翁意识。乡镇企业是继家庭联产承包责任制后的又一次伟大创举，促进了农村经济的大发展，吸纳了大量农村的女性劳动力。大批农村女性"离土不离乡，进厂不进城"，形成了一个新的职业群体，就近实现了从农民向工人、由农村劳动力向专业技术人员和企业管理者的转变。农村女性在这一身份转换的过程中，思想观念发生了巨大变化。根据一项针对江苏、福建、浙江三省的乡镇企业女职工调查，605 名被调查者中有 54.4% 的女职工希望成为事业强者，有 61.9% 的女职工认为提高素质、增强本领是提高妇女社会地位的根本途径。这说明乡镇企业女职工逐渐树立起了自主自强的观念。[①]

20 世纪 90 年代，随着社会主义市场经济体制的初步建立和农村生产专业化的发展，以家庭联产承包经营为基础的分散的小规模农业经济与市场之间的矛盾日渐凸显，农村开始出现农民专业合作经济组织。1996 年，为了引导农村女性参与新型的产业化经营，中华全国供销合作总社与全国妇联联合发出《关于动员广大妇女群众积极参与兴办专业合作社的通知》，要求各地妇联积极鼓励和支持广大农村妇女参与兴办专业合作社，指出各级供销社和妇联应积极引导和鼓励女性技术人才和专业户带头兴办合作社，使农村妇女体会到加入专业合作社的优越性，从而更积极热情地参与其中。通知还要求扶植一批试点单位，培训一批懂技术会管理的专业合作社妇女人才。为此，妇联、妇代会充分发挥妇联组织的特殊资源优势，探索出乡镇妇联干部领办、“妇代会 + 协会”、“示范基地 + 协会”等农村妇女合作经济合作发展模式。妇联组织还与中国工会国际委员会合作，举办妇女干部培训班，提高农村妇女在市场经济中的自助、互助合作意识和能力，促进农村妇女专业合作社在当地的发展。截至 1999 年，全国各类农村妇女专业协会和专业合作组织已达 18 万个，成员约 103 万人。[②] 农村女性始终是农村合作经济组织发展的重要力量，她们不仅作为合作社的成员从事生产经营活动，而且一些 20 世纪 80 年代中期就发展起来的女专业户和女能手将妇女组织起来，创造了女能人领办合作社的农民专业合作社发展模式。各地以“妇”字号生产基地、“妇”字号

---

① 中国乡镇企业发展与农村妇女解放课题组编《半壁江山半边天——中国乡镇企业发展与农村妇女解放》，中共党史出版社，1996，第 94—97 页。

② 《创造财富改造自我——中国农村妇女在农村改革发展中的进步与贡献》，《中国妇女报》1999 年 11 月 24 日。

龙头企业、“三八”示范基地为载体，围绕当地主导产业，建立了一批集示范、生产、创收、服务于一体的妇女专业生产基地，推动了农业生产向区域化布局、专业化生产、集约化经营方向发展，同时也提高了农村妇女的组织化程度，为改善农村妇女的经济地位创造了条件。

农村女性进城务工，拓宽了就业领域，获得了更多的发展机遇和更大的发展空间。收入的增加使农村女性经济独立，工作方式的改变把她们从农业劳动中转移出来，使她们开阔了眼界，增长了知识和才干。她们的生活观念和思维方式也有所改变，独立自主的个人意识增强，自身能力也得到提高，也更加自信了。20 世纪 90 年代以来，进城务工女性作为一个庞大的社会群体，已经遍布工厂的生产线和宾馆酒店、餐饮娱乐、家政等各种行业。她们为城市工业和第三产业的发展做出了重大的贡献，对改善城市环境、方便城市居民生活都起到了不可忽视的作用。

在深化城市经济体制改革的过程中，广大城镇女性积极参与用工制度改革，素质高、能力强、有胆识、有才干、富于开拓精神的女性人才在竞争中脱颖而出，成为企业的主要决策者，形成了女企业家群体。她们积极参与企业改革创新，为企业的生存和发展做出了重要贡献，同时也改变了女性职工的职业构成，提高了女性的就业层次，增强了广大女职工的竞争意识和成功意识。

竞争机制的引入为女性提供了发挥才能的机会，也给她们带来了挑战。一些单位在招聘中因为女工的“三期”不愿招收女工，使城市女性面临了前所未有的就业困境和危机。在 1987 年全国总工会调查的 48 个电子企业中，领导表示愿意录用女工的企业仅占 7.1%，在 89 个纺织企业中，表示愿意招收女工的企业领导也只有

1/4。[①] 针对这种情况，企业、工会、妇联积极寻求解决办法，通过培训转岗、搞多种经营、开办第三产业等，为被编余的女职工创造新的就业途径。广大女职工正视现实，勇敢应对挑战，积极转变就业观念，不断提高自身的整体素质，积极参与岗前培训，增强竞争力，充分发挥自身特长，自主创业。特别值得关注的是，由此引发的关于“妇女回家”的讨论和一系列维护女职工权益的专项行动从此成为女性争取平等参与权的持久焦点问题。

21 世纪以来，我国在推进经济结构战略性调整和转变经济发展方式的改革创新中，充分保障女性经济权益，促进女性平等参与经济发展、平等享有改革发展成果。把改善女性贫困作为国家农村扶贫项目的重要内容，统筹考虑城镇化、老龄化、市场化及气候变化对女性贫困的影响，逐步建立完善新型社会救助体系，加大对贫困妇女的保障力度。在 592 个国家扶贫开发重点县，女性人口的贫困率从 2005 年的 20.3% 下降到 2010 年的 9.8%，2014 年按月领取低保金的妇女达 2600 多万人。促进妇女就业创业方面成效显著。通过实施小额担保贷款财政贴息政策扶植和带动千万妇女创业就业；发展家政产业和手工编织等产业，引导女性就近创业；还开展了女大学生就业创业扶持行动；建立了 20 多万所“妇女学校”，近 2 亿人次妇女参加农业新技术、新品种种植技能培训。2013 年，我国女性就业人员达 3.5 亿，占就业人口总数的 46.0%。女企业家占企业家总数的 1/4，互联网领域创业者中女性占 55.0%。保障农村妇女的土地权益是国家全面深化农村改革和推进基层依法自治的重要内容，目前已经建立健全

---

① 全国总工会女工工作委员会：《城市妇女在就业等方面面临的新问题》，《工运研究》1988 年第 2 期。

农村集体资金、资产、资源管理等各项制度，纠正与法律政策规定、性别平等原则相违背的村规民约，确保农村妇女平等享有土地承包经营权、宅基地使用权和集体收益分配权。在土地承包经营权确权登记颁证工作中，明确登记簿和确权证发放应体现妇女的土体权益，保障农村妇女的生存发展资源。此外还提高了女性的社保水平。2014 年，妇女参加城镇职工养老保险、城镇职工医疗保险人数分别达到 15463 万人和 13013 万人，妇女参加生育保险人数达到 7407 万人。

二　政治体制改革中的女性参与

"文化大革命"的十年，受"左倾"思潮的影响，包括女性政治参与在内的中国整体的公民参与都遭受重挫，中国走过了一段不健康的发展道路。由于民主生活的非正常化，一方面，女性政治参与的正常渠道被堵塞，高层女干部受到摧残迫害，青年后备干部无法正常培养和选拔。另一方面，参与的数据在畸形的历史条件下出现了虚假的繁荣，女干部参政的各项数据均创历史最高，1975 年第四届全国人民代表大会女代表占总数的 22.63%，远远超过一大的 12%，且此后历届全国人大都没能超过或者达到这个水平。

改革开放以来，随着政治体制改革的深入，社会主义民主制度逐步完善，女性参政呈现出挑战和机遇并存的局面。中国共产党对女性参政问题进行了探索式的推进，以保证女性参政比例的提升。

"文革"结束时，女性干部比例出现下降。鉴于这种情况，全国妇联于 1979 年向中央递交了《关于培养提拔女干部问题向中央的请示报告》，在分析存在的问题及原因的基础上，提出了加强女干部培养选拔的工作建议。该报告很快被中央转批，要求各级党委和组织部门把培养选拔女干部纳入各级党委的重要议事日程。20 世纪 80 年代初，全国半数以上的省、直辖市和自治区选拔了女性知识精英进入领导班子，多数县、市都选配了一名女性担任副县长、副市长。女干部的数量有了显著增长。

但是在随后的干部人事制度改革中，从干部委任制向差额选举和公开聘任制的转变，刚性的性别保障规定又出现了松动。1982 年通过的《关于国务院机构改革问题的决议》要求各级领导班子精简人数，并使干部队伍的革命化、年轻化、知识化、专业化。在这个转变过程中，女干部队伍受到了一定的影响。大部分省市女领导干部比例呈现下降趋势。1987 年，差额选举在全国范围内的各级政府换届选举中开始实行，给女性参政带来新的挑战。一大批女性在选举和竞争中落选，形成了妇女参政巨大的差额冲击波，并由此引发了新中国成立以来第一次妇女参政大讨论。《中国妇女报》和《中国妇女》还有一些地方的妇女杂志都开辟专栏刊登大量的报道和文章，表达不同的观点，产生了广泛的社会影响。许多学术刊物也组织了关于妇女参政问题的理论探讨，河南、山西等省妇联以及《中国妇女报》、中国管理科学研究院妇女研究所还先后举办了妇女参政研讨会。这场妇女参政大讨论深化了妇女参政的认识，唤醒了广大女性的自主意识和政治参与热情，由此引发的强大的社会舆论促进了党和政府重视妇女参政问题，探索社会主义民主制度下如何保障妇女的参政权。20 世纪 80 年代末，江泽民同志针对当时妇女参政比例下降的情况提出："领导班子中妇女干部比例过低的状况，要引起各级党委的重视，积极采取措施加以解决。"①

在政治体制改革大潮中，农村女性的参与状况进步比较缓慢。虽

① 梁旭光：《民主政治进程与妇女参政》，济南出版社，2003，第 152 页。

然自新中国成立以来在历史政治运动中党和政府都比较重视发动妇女参加，采取了许多政策鼓励妇女参与社区的政治生活，但是在农村基层组织中仍然是男性一统天下。1990 年的人口普查统计显示，在担任居民和村民委员会一级负责人中，77% 是男性，只有 23% 是女性，进入村民委员会的妇女比例更低。[①] 农村传统的父权结构和父权文化深刻地影响着女性的参与意识，1990 年第一期妇女社会地位调查显示，74.7% 的农村妇女“从未想过”自己可以做人民代表，有近一半（49.8%）的农村妇女对于能否履行人民代表职责的态度是“凑合着干”“能力差不想当”“坚决不当”“不知道”。由于农村妇女进入村级领导班子的人数极少，在重大决策中的声音微乎其微，造成农村不少地方在一些与妇女权益相关的问题上忽视或者无视妇女利益，比较突出的体现是宅基地和责任田的划分，严重侵犯了女性作为独立个体的基本权益。而这种权益的失落又用铁的事实告诉农村女性“女人就是女人”，再能干也不能和男人一样拍板做主。

知识女性是女性自主意识最先觉醒的群体。作为“知识改变命运”的幸运儿，知识女性在拨乱反正中重新获得了政治参与的权利和机遇。高知女性纷纷走上了中高层领导岗位，并且伴随着整个社会进步，越来越多知识女性在更广阔的领域拥有了更多的参与机会和可能，获得更大的发展空间，取得更多的发展成就，女性群体的参与意识也不断增强，这既是社会的一种进步，又是历史发展的必然。

20 世纪 90 年代以来，为了促进妇女参政的发展，中组部和全国妇联先后就培养选拔女干部联合召开了四次会议。全国各地出台了相应的倾斜政策，提高女干部的比例和数量，提升女干部的决策

---

① 高小贤：《中国社会转型：农村妇女研究》，陕西人民出版社，2006，第 130 页。

能力和自信心。1992 年 10 月，中共十四大提出了“建立社会主义市场经济体制”的伟大目标，给我国女性的事业发展创造了新的机遇，同时也带来了严峻的挑战。在建设市场经济体制思想的影响下，第七次全国女性代表大会 1993 年 9 月在北京召开，这次大会的召开确立了社会主义市场经济体制时期中国妇女发展的战略目标。1995 年 7 月我国第一部关于女性全面发展的系统规划《中国妇女发展纲要（1995—2000 年）》通过，这是我国妇女工作的纲领性文件，旨在维护女性合法权益，促进女性参与意识和参与能力的全面发展。

1995 年第四次世界妇女大会在北京的召开，是中国女性参与发展史的里程碑。通过的《北京宣言》《行动纲领》是这次大会的重要成果。《北京宣言》敦促各国政府做出政治承诺，用行动消除对妇女的一切歧视，实现平等、发展与和平的崇高目标。《行动纲领》列举了包括妇女参与权利和决策、提高妇女地位的机制、妇女的人权等在内的 12 个影响妇女进步的重点关切领域，提出了各国政府、国际社会、非政府组织和个人在消除这些障碍时可以采取相应战略和措施，为各国政府提供了规范指导。

世妇会结束后，中国政府、非政府组织和社会各界积极采取行动，落实《北京宣言》《行动纲领》，使承诺变成行动。全国人大制定和修改了一系列涉及妇女切身利益的法律法规。先后修订了妇女权益保障法和母婴保健法，修订了实施诉讼法和刑法，对打击拐卖妇女儿童和强迫妇女卖淫犯罪做了补充和修改。政府采取各种积极政策措施，启动重大干预项目，促进妇女在参政、就业、健康等领域的发展。民政部 1999 年出台了《关于努力保证农村妇女在村委会成员中有适当名额的意见》。国务院加强对提高妇女地位的国家机制的建设，进一步完善从中央到地方的各级妇女儿童工作机构。2013 年出台的《村民委员会选举规程》规定“候选人中应当有适当的妇女名额，没有产生妇女候选人的，以得票最多的妇女为候选人”。

随后制定的《中国妇女发展纲要（2001—2010 年）》确立了包括“女性参与决策和管理”在内的六个女性优先发展领域，提出将在更广泛的领域和更高的层次参与经济全球化。为了保障女性政治参与，纲要制定了更为详细的措施，专门增加了“法律和部门政策”和“社会宣传和培训”两部分重要内容，特别强调在社会管理的各个领域贯彻落实“男女平等”这一基本国策的重要性，特别要重视女性人才培养和选拔，倡导社会性别意识主流化，实现女性的全面发展和进步。

党的十八大代表中女代表比例为 23.0%，比十五大（1997 年）提高了 6.2 个百分点。第十二届全国人大代表中女代表比例为 23.4%，比 20 年前提高了 2.4 个百分点；政协第十二届全国委员会中女委员占 17.8%，比 20 年前提高了 4.1 个百分点。2013 年，中央机关及国家直属机构录用的女性公务员比例为 47.8%，地方新录用公务员中女性比例也不断提高。2014 年，村委会中女性成员占 22.8%，比 2000 年提高了 7.1 个百分点，村委会主任中的女性比例也明显提高。2014 年，居委会中女性成员比例为 48.4%，主任中的女性比例为 41.0%。人大女代表、政协女委员在参政议政中，积极建言献策，提出了许多促进性别平等参与的议案和提案，推动了女性全面参与的进一步发展。妇联组织代表女性参与立法协商和协商民主，推动将性别平等参与纳入法律法规和政策的制定与执行中，积极推动在立法中体现性别平等原则。

三　文化发展中的女性参与

十一届三中全会后，党和政府为了扭转“文革”造成的混乱局面，开始大力发展教育事业，女性教育由此进入新的发展阶段。1980年12月，中共中央、国务院作出《关于普及小学教育若干问题的决定》，提出国家办学和群众集体办学相结合的“两条腿走路”的方针，要求在20世纪80年代基本普及小学教育。1986年义务教育法的颁布使女童受教育权利得到法律保障，极大地推动了女子初等教育的普及。全国妇联、中国儿童少年基金会通过“春蕾计划”“希望工程”在部分边远、贫困和少数民族地区采取办女童班、办女校、实行免费上学等办法以消除女性受教育的障碍。

20世纪90年代以来，普及女子初等教育取得了历史性进展。1993年，全国7—11周岁女学龄儿童入学率达到98.3%。在未入学的学龄儿童中，女儿童的比例逐年下降，中小学在校生中，女生所占的比例由1951年的25%和28%，分别上升到1993年的43.7%和46.8%，平均受教育年限也逐年增长。到1993年，全国已建立1679所女子中等职业学校和3所女子职业大学，开设了60个适合妇女的专业。[①] 女研究生的人数和占研究生在校生总数的比例也有较大增长，女性的受教育状况整体得到极大改善。2010年第三期妇女社会地位调查显示，18—64岁的女性人口中，平均受教育年限为8.8年，其中城镇女性受教育年限为10.1年，农村女性为7.1年。2014年，男女童小学净入学率均为99.8%，提前实现了联合国千年发展目标。女性接受初中及以上特别是高等教育的机会显著增加，普通高等学校

① 韦钰主编《中国妇女教育》，浙江教育出版社，1995，第25页。

本专科生在校生中的女生比例为52.1%，硕士和博士研究生在校生中的女生比例分别为51.6%和36.9%。接受中等职业教育的女性规模达到805万，普通中专在校女生达到397万，分别占总数的44.7%和53.0%；全国接受各种非学历高等和中等教育的女性人数分别达到346万和2000多万。2013年，女性参加政府培训机构举办的职工技能培训人数占培训总数的43.0%。同时越来越多的学校将性别平等理念引入学校教育，有些中小学尝试开始性别平等教育课程，引导学生树立男女平等的性别观念。目前100余所高校开设了440余门女性学和性别平等课程，女性学的硕士、博士学位点不断增多。

国家特别重视促进女性全面参与的社会文化环境建设，各级党政部门、妇联组织及其他社会组织通过宣传倡导、教育培训等多种形式，全方位、多渠道宣传男女平等基本国策。加强对媒体的正面引导和管理，建立传媒监管机制，培训媒体从业人员，提高性别平等意识。公共文化服务注重面向女性群体，女性的精神文化生活日益丰富。媒体融合时代又为女性文化交流和创新提供了新平台，截至2014年12月，中国女性网民共有2.8亿，占网民总数的43.6%。

随着改革开放的逐步深入、女性文化素质的提高，各类妇女报刊迅速发展，为宣传性别平等、倡导科学的生活方式，促进妇女参与经济社会发展发挥了积极作用。随着公共参与意识的唤起和思想解放的深入，知识女性在文学艺术领域的参与也出现了繁荣的景象。女作家成批涌现，在规模、人数以及作品的数量上都前所未有。老一代有杨绛、宗璞、茹志娟，中年代表有张洁、霍达、凌力，年轻新秀有铁凝、王安忆、舒婷、张抗抗等，她们都基于自己的成长经历，对中国当代的社会、历史和文化进行了独特的反思，同时作品中展现出一种强烈的女性意识。一批引人注目的女性导演和优秀女演员群体开始崛起，创作了一批反映社会转型中女性生活和精神面貌的作品，受到广大观众的喜爱。同时，随着通俗歌曲的流行，一大波优秀的女歌唱家和女作曲家脱颖而出。在舞蹈、戏曲、曲艺、绘画等各个领域，女性都有骄人的表现。在体育事业方面，更是成绩辉煌，团结奋斗、顽强拼搏、勇攀高峰的女排精神整整影响了一代人。

这一时期女性的文化参与不仅仅繁荣了大众文化场域，具有标志性的深度参与当属 20 世纪 80 年代妇女研究热潮的兴起。1978 年的真理标准大讨论极大地促进了思想的解放，带来了 80 年代我国思想文化领域的大反思，孕育了学术研究领域的启蒙时代。同时十一届三中全会后开始的经济体制改革，引起了广泛的社会变革，妇女受损，在某些领域被边缘化的现象不断出现，妇女问题日益凸显，“妇女学”破土而出。从现在回看 80 年代，可以说我们研究和关注过的所有妇女问题，包括现在一直还在讨论中的妇女问题都在这一时期出现了，比如参政问题、婚姻家庭问题、就业问题、人口问题等，而所有这些问题都可以归结为参与问题，即如何分析和解决转型期妇女在政治领域、经济领域、文化领域、社会领域面临的参与问题。为此，妇联组织作为主要的发动者、组织者和参与者，以妇女运动时的研究为开端，反思中国妇女解放的历史和现状，对指导中国妇女解放运动的马克思主义妇女理论进行再思考，研究改革开放条件下妇女进一步解放的理论和现实问题。

1995 年第四次世界妇女大会在北京召开，是国际妇女运动的里程碑，也为中国妇女运动提供了更广阔的国际舞台，极大地促进了中国性别平等理念的传播，推动了性别主流化进程，激发了中国妇女研究者的理论探索热情。从这时起，“社会性别”概念传入中国，社会性别分析方法开始成为研究性别问题的重要方法，妇女研究的领域大大拓宽，越来越多的性别问题得到关注。随着研究的繁荣，各种妇女组织纷纷成立，主要有妇联系统组织的妇女研究组织和以高等院校为主的学术团体，掀开了妇女研究知识行动化和行动知识化的热潮，从而使妇女研究的队伍逐步壮大，研究不断深入，为全面推进女性公共参与意识培育注入了强大的理论支撑和智力支持。

四 社会建设中的女性参与

新时期以来对妇女权利的规定更趋完善，已初步形成以宪法为基础的保障妇女享有平等参与权利的法律体系，而且在保障妇女权益、保护妇女劳动的身心健康方面都制定和完善了相应的法律法规。1980年颁布了修订的《中华人民共和国婚姻法》，1982 年修订的现行《宪法》重申男女权利“五平等”原则的基础上，增加了“培养和选拔妇女干部”，保障妇女参政权利的规定，“实行男女同工同酬”，保障妇女劳动权利的规定等等。1988 年颁布了综合性的女职工劳动保护法律《女职工劳动保护规定》，1992 年全国人大七届五次会议通过了《中华人民共和国妇女权益保障法》，这部法律是根据当时中国妇女权益方面的新情况、新问题做出的许多新规定，对新时期以来女性在政治、文化、教育、劳动、财产、人身、婚姻、家庭等各个方面的参与权利保障做出了操作性的规定。作为我国第一部专门性、系统性的妇女权益保护法，无论从形式还是内容，都超越并完善了原有的保护妇女权益的法律。考虑到经济体制改革深化和所有机构调整带动了劳动关系领域的重大变化，女职工劳动保护需求也发生变化，针对 1988 年《女职工劳动保护规定》中存在的许多问题，考虑到专家、学者、职工群众、社会团体、妇联和工会组织等社会各界的修改呼声强烈，在有关部门的高度重视和国务院法制办的积极努力下，在多部委的共同参与，工会、妇联等群团组织的积极配合下，《女职工劳动保护特别规定》于2012年发布并实施。《女职工劳动保护特别规定》调整了女职工禁忌从事的劳动范围，规范了产假假期和产假待遇，调整了监督管理体制，体现了党和国家关心爱护女职工的一贯政策，有利于保护和调动女职工的积极性，有助于促进劳动关系的和谐与稳定。

随着社会的进步和国际组织的推动，越来越多的妇女参与到社会发展、环境、健康以及人口控制等领域的国际事务中，女性的努力和声音提供了性别视角，改变了这些领域长期以来忽视女性的一些做法。国务院妇儿工委和地方相应组织的成立以健全的组织网络和最广泛的代表性为促进性别平等和女性发展搭建园地，提出意见和建议，为重大妇女问题的调研提供了支持和保障。许多高校、研究机构开展了家庭暴力的调查研究，采取干预行动，从性别视角研究妇女暴力问题。全国妇联妇女研究所和云南生育健康研究会在国家计生委、卫生部和国际机构的支持下，从社会文化视角揭示影响妇女生育健康的主要因素，探讨整个生命周期中男女两性的性别差异和不平等，注重通过政策研究和行动进行干预，推动妇女健康发展。[①] 同时，学者和行动者开始关注报刊、影视以及广告等传媒中的性别问题。性别平等议题也扩展到环境领域，研究者开始运用社会性别视角分析妇女与环境问题，包括妇女环境与健康以及妇女参与环保决策等。

妇女研究组织网络随之发展壮大。1995年，仅高校和社科院系统新成立的妇女研究机构就达30余个。1999年12月9日，第一个全

---

① 全国妇联妇女研究所编著《当代中国妇女运动简史（1949—2000）》，中国妇女出版社，2017，第238页。

国性的妇女研究学术团体——中国妇女研究会在北京成立，它的成立整合了社会各方面的妇女研究资源，逐步形成了包括高校、社科院、党校及妇联4个系统的辐射全国各地的妇女研究组织网络。此外，一些全国性、地方性的妇女问题研究机构（如女职工委员会、女科技工作者联谊会以及女企业家协会等）也积极致力于保障妇女权益的工作。人们越来越发现，加入妇女的参与，让女性成为健康、保健、生态等工作的决策主流和参与主体，会使发展计划和项目事半功倍，取得更大的成效。女性的参与能力和主体意识也在这样的参与中得到历练和提高，获得更大的激励。这种从妇女自身需求出发又回到妇女自身的做法，唤醒了女性的主体意识，融洽了两性在更广泛领域的合作，也挑战和削弱了传统父权文化的不利影响。“越来越多的男人也开始认识到，不彻底改善妇女的地位，就不可能取得实际的社会的经济的发展。”①

这一时期，女性广泛参与一些社会重大活动和公益事业，展示了当代女性自强、自尊、自信、自立的精神风貌。尤其是在计划生育工作、少年儿童工作和家庭教育工作方面，在妇联组织的推动下，妇女干部积极宣传国家政策，宣传优生优育和节育知识，开展深入细致的思想工作，教育广大妇女树立正确的生育观，逐渐改变着传统的生育观念，同时生育数量的减少使广大妇女摆脱过多生育的拖累，使她们有更多的时间学习文化知识，进行自我完善和提高，把更多的精力投入自身职业发展中，为更好地参与社会经济发展创造了更多的机会。与此同时，妇联组织又以少年儿童工作为重点，积极协调、配合社会各界做好少年儿童工作，提出重视和改进家庭教育的重要规划，开展

① 〔法〕西蒙娜·德·波伏娃著《第二性》，陶铁柱译，中国书籍出版社，1998，第595页。

家庭教育理论研究和家庭教育的宣传普及，改善少年儿童的成长环境，优化少年儿童的课外活动场所和活动条件，逐步形成了家庭、社会、学校三位一体的少年儿童工作格局。

在社会参与过程中，基于利益的分化和需求的多元化，不同行业和领域的妇女自发建立了各种各样的妇女组织来反映自己的诉求，维护自身的利益。既有研究型妇女组织，如社会科学研究中的各种学会和研究会，也有行业组织，比如女企业家协会、女工程师联谊会等，这些社会组织通过组织各种业务培训和专题研讨加强了会员之间的联系和交流，提高了会员的技能，也给会员营造了更好的参与环境。这种组织的整合提高了妇女群体的凝聚力，提升了妇女参与的影响力，培养和造就了更多女性人才，推动了妇女事业的发展，也为女性参与意识的培育提供了更大的平台和更多的路径。

第三章 女性公共参与意识培育的基本经验

我国百余年来的女性参与发展史，既是一部中国妇女解放史，也是中国共产党妇女思想政治教育史。中国共产党把马克思主义原理及其妇女解放理论与具体国情相结合，紧密围绕不同历史条件下党和国家的中心任务，审时度势，开拓创新，与时俱进，创造性地引领广大妇女参与社会、解放自我，在推动经济社会全面发展的同时，探索出一条中国特色的女性公共参与意识培育路子。回溯发展历程就是要从中总结历史经验，在继承和借鉴的基础上，守本开新，为更好地提升女性的公共参与意识，为推动社会发展贡献更多智慧和力量。

第一节 制度为本，理论先行

中国共产党把马克思主义妇女观同中国妇女解放运动的实践相结合，不断创新，经过新民主主义革命和社会主义革命，建立了社会主义经济、政治制度，奠定了女性公共参与意识的发展基础，也为女性公共参与意识培育积累了丰富的社会条件。社会主义不断发展的生产力水平和生产关系性质是女性参与意识健康发展的前提，也决定了女性公共参与意识培育的性质和发展程度。相比西方几百年的女权主义运动，我国的妇女解放运动更加彰显了国家政权的力量，中国共产党始终以马克思主义妇女解放理论为指导，把女性公共参与的培育融入国家和民族的解放事业中，凸显了中国特色。

国家是引导女性实现自身权利的重要政治力量，国家可以通过社会制度的建立、法律和公共政策的制定保障妇女权利，并通过制度建设激发女性群体自我赋权的意识。新中国社会主义制度的建立为广大妇女开创了极大的参与空间，这是几千年来达不到的自由高度，也是西方女权主义运动几百年所不能及的。国家用法律的形式和政治制度确立了男女平等的国家意志，用自上而下的权力运作机制赋予女性平等参与的权利，为女性的全面发展开辟了路径，也助推了国家建设的发展和社会的文明进程。

一　坚持中国共产党的领导，保持女性公共参与意识培育的方向性

中国共产党是我国民主建设的领导核心，坚持中国共产党的领导才能保证女性的公共参与意识发展与国家法制建设的同向互动。我国妇女运动的历史表明，坚持中国共产党的领导是实现妇女解放和全面发展的政治保障。

坚持中国共产党的领导是包括女性在内的全体中国人民的历史选择。从早期马克思主义的传播开始，中国的女性参与革命就开始作为正式的命题登上了中国革命的历史舞台。自从有了中国共产党，中国革命的面貌焕然一新。在中国革命和建设发展历程中，中国共产党始终代表着中国最广大人民的根本利益和最先进文化的发展方向，把争取民族独立和人民解放作为奋斗目标，进而带领中国人民走向共同富裕，共同构筑中国梦。正是中国共产党制定和实施了正确的路线、方针和政策，带领中国人民取得了一个又一个的胜利，才得到中国最广大人民的认可和选择，才得到人民的拥护和支持，成为包括广大妇女在内的中国人民的领路人。

中国共产党始终不渝地坚持妇女解放，追求男女平等，坚持把妇女群体的解放和发展作为民族解放、国家富强的有机组成部分，在不同的历史条件下因时制宜创造性地开辟女性发展的道路，探索出一套适合中国国情的具有本土特色的女性参与意识培育理论。

新中国成立之时，中国共产党将男女平等的社会理想付诸实践，赋予妇女平等的权利，通过土地改革、颁布实施婚姻法、废除娼妓制度、扫除文盲、实行民主选举，使妇女获得解放，成为独立参与社会事务的主人。通过贯彻实施宪法和一系列相关法律政策，从根本上保障女性与男性一样平等的社会权利，维护了女性的特殊利益，调动了广大女性参与社会建设的自觉性、主动性和创造性。广大女性以崭新的精神面貌参与到国家建设中，成为经济建设和社会发展的“半边天”。

改革开放以来，中共历任领导集体都十分重视妇女工作，对妇女运动和妇女工作尤其是妇女的全面参与提出了具体的理论阐释和实践指导。江泽民在《全党全社会都要树立马克思主义妇女观》讲话中，把马克思主义妇女观的阐释提高到一个历史的高度，同时强调马克思主义妇女观对中国妇女运动的指导意义，指出要深入理解和把握马克思主义妇女观的精神实质，引领妇女运动的新方向，并且“把男女平等作为促进我国社会发展的一项基本国策”，重新修订《中华人民共和国妇女权益保障法》，首次把男女平等基本国策以法律条文形式固定下来，明确了法律的地位。

2010 年，胡锦涛在纪念“三八”国际劳动妇女节 100 周年大会上进一步重申女性平等参与的重要性，在讲话中要求各级党委和政府深入贯彻执行男女平等基本国策，维护妇女权益，促进妇女发展，“积极为妇女平等依法行使民主权利、平等参与经济社会发展、平等享有改革发展成果创造条件”。

2012 年，中共十八大第一次把“坚持男女平等基本国策，保障妇女儿童合法权益”写进党代会的报告，进一步宣示了中国共产党实现男女平等社会理想的政治意志。2013 年中国妇女第十一次全国代表大会召开，中共中央对党和政府的妇女工作提出要求，即“要坚决贯彻男女平等基本国策，在立法决策中充分体现性别意识，在改善民生中高度关注妇女需求，在社会管理中积极回应妇女关注，使男女平等真正体现到经济社会发展各领域、社会生活各方面”。2015 年 9 月 27 日，习近平在纽约联合国总部出席并主持全球妇女峰会，在开幕式上发表《促进妇女全面发展共建共享美好世界》的重要讲话，从四个方面重申承诺为促进男女平等和妇女全面发展加速行动：第一，推动妇女和经济社会同步发展；第二，积极保障妇女权益；第三，努力构建和谐包容的社会文化；第四，创造有利于妇女发展的国际环境。四点“中国主张”开启了我国妇女全面参与的历史新征程。

党的十九大再次将“坚持男女平等基本国策，保障妇女儿童合法权益”写入党的施政纲领，提出一系列新的重要思想、重要观点、重大论断、重大举措，为妇女全面发展指明了前进方向，表明我党在整体推进党的事业中促进妇女事业同步发展的政治承诺。报告指出要以习近平新时代中国特色社会主义思想为指导，团结动员妇女积极投身全面建成小康社会、全面建设社会主义现代化国家的伟大实践。

党的历次全国代表大会几乎都有关于女性参与和发展的议题议案，历次全国妇女代表大会都有党的主要领导同志参加指导，党和政府机构都有妇女工作机关。党要求党员干部和各级政府工作人员带头贯彻落实保障妇女参与权益的各项法律政策，并采用法律、行政和宣传教育手段，对党员干部中损害女性利益，歧视和阻碍女性参与的行为做斗争，坚决维护女性的平等参与权利。

历史经验反复证明，“中国妇女运动发展史就是一部在中国共产党领导下不断实现妇女解放和平等发展的奋斗史”[①]。正是中国共产党的正确领导推动了妇女运动的持续发展，保证了女性公共参与意识培育的方向性。坚持把党的正确主张转化为妇女运动的路线、方针，转化为调动广大妇女积极投身社会主义现代化建设的自觉行为，就能把占人口半数的女性群体更加牢固地团结在党中央周围，使她们主动担负起发展自我、建设国家的历史使命，继续为国家、为人民做出更大的贡献。

二　坚持马克思主义的理论指导，保持女性公共参与意识培育的科学性

马克思主义是我国革命和建设取得胜利的法宝，党的指导思想始终是妇女事业发展的指导思想，马克思主义基本原理及其妇女解放理论是中国妇女解放和发展的理论基础，正是因为始终坚持和发展马克思主义妇女观，才保持了中国女性公共参与的健康发展。

马克思主义很早就关注到了妇女问题。马克思站在人类解放的高度阐释妇女与全人类解放的关系、女人与人类文明进化程度的关系，指出“没有妇女的酵素就不可能有伟大的社会变革。社会的进步可以用女性（丑的也包括在内）的社会地位来精确地衡量”。在当时男性一统天下的工会运动中，马克思前瞻性地提出“建议在工人阶级当中成立妇女支部。但是，不言而喻，这项决议绝不应妨碍由男女工

① 胡锦涛：《在纪念“三八”国际劳动妇女节100周年大会上的讲话》，《中国妇运》2010年第4期。

人混合组成的旧支部的存在和新支部的建立"[①]，这种提议为以后长达百年的社会主义运动确定了"妇女权利保障"和"妇女劳动保护"的两种基本姿态。恩格斯关于妇女问题的主张集中体现在《家庭、私有制和国家的起源》中，他关于"两性平等"的妇女解放的预言性指标——一切女性重新回到公共的事业中去——一直是我国妇女解放运动的行动指南，也是中国共产党推动女性参与的直接指导思想。

列宁和斯大林领导俄国人民创建了世界上第一个社会主义国家，把马克思恩格斯的妇女解放理论从科学学说变为社会现实，开辟了社会主义妇女解放的新天地，探索出社会主义女性参与的科学路径，为马克思主义妇女解放理论提供了新的思想内容和实践经验，把马克思主义妇女发展理论推向前进。

马克思主义传入我国后，以毛泽东为代表的共产党人把马克思主义基本原理与我国实际相结合，把反帝反封建的民族解放运动和推进女性公共参与的妇女解放运动相结合，指出政权、族权、神权和夫权是束缚中国妇女的四条绳索，把握了我国封建宗法思想和封建制度这个基本国情，抓住了我国女性受压迫的社会根源，揭示了我国妇女解放运动的民族特性，找到了破解中国女性无意识参与的症结所在。新中国成立后，把男女平等的马克思主义妇女观用法律和制度的形式确立下来。改革开放以来，中共历任领导集体都十分重视对妇女工作的实践指导和理论阐释。特别强调在马克思主义中国化的过程中，依据改革开放中国经济社会发展的新局面，针对给妇女带来的新挑战、新机遇和凸显的新问题，与时俱进，勇于创新，建设中国特色社会主义妇女理论。江泽民深入阐释了马克思主义妇女观的基本内容和精神实

① 《马克思恩格斯全集》（第17卷），人民出版社，1972，第483页。

质，强调中国共产党用以指导妇女运动的理论，是马克思主义的基本原理及其妇女观，指出建设中国特色社会主义妇女理论是不断完善和发展马克思主义妇女理论的内在要求，也是建立中国特色社会主义理论体系的有机组成部分。彭珮云同志在“中国妇女五十年理论研讨会”上明确提出要建设中国特色社会主义妇女解放理论。她说：“要把当前的妇女问题放到中国特色社会主义建设的大背景中来研究，认真总结实践经验，深刻认识和把握妇女解放和发展的基本规律，厘清基本论点。只有这样，我们对各种现实的妇女才能进行深入分析，对形形色色的观点和思潮才能有鉴别力，妇女运动才有明确的方向，才能增强妇女工作的目的性、自觉性和创造性，避免盲目性、被动性和随意性。”①

中国特色社会主义妇女理论认为，当代中国的妇女解放和发展是中国特色社会主义事业的重要组成部分，中国特色社会主义理论体系为妇女解放和全面参与提供了科学理论指导，中国特色社会主义制度为妇女解放和全面参与提供了根本制度保障，中国特色社会主义道路是实现我国妇女解放与发展的根本途径。必须紧紧围绕经济社会发展这一要务，坚持用发展的办法解决妇女参与问题。发展是解决当下一切问题的关键，是妇女不断实现自身解放与进步的根本出路。必须坚持以人为本的核心立场，坚持发展成果为了包括妇女在内的一切人民，要实现好、维护好、发展好最广大人民的根本利益，我国经济社会发展规划、发展政策和发展目标必须关注妇女的生存和发展需求，必须将妇女发展放在国家发展的大局中去谋划并不断推进。发展依靠人民，坚持妇女的主体地位。妇女是推动人类社会发展的主体力量，是建设

---

① 彭珮云主编《中国特色社会主义妇女理论与实践》，人民出版社，2013，前言。

中国特色社会主义不可或缺的半边天，要充分发挥妇女主人翁精神，最广泛地动员和组织广大妇女依法管理国家事务和社会事务，管理经济和文化事业，使广大妇女群众的意愿得到充分尊重、利益得到充分保障、积极性得到充分发挥。发展成果由人民共享，要让经济社会发展的成果不断惠及包括妇女在内的全体人民。改革发展取得的各方面成果要体现在不断提高广大妇女的思想道德素质和科学文化素质上，体现在充分保障妇女享有经济、政治、文化、社会及家庭等各方面利益上，要把广大妇女共享改革发展成果作为落实以人为本的具体行动。

中国特色社会主义妇女理论专门就妇女全面参与做出了重要论述，指出全面参与中国特色社会主义经济建设、政治建设、文化建设、社会建设、生态文明建设是妇女全面发展的根本途径。妇女参与发展不仅限于参加社会生产，而是要全面参与经济、政治、文化、社会、生态环境的建设。广大妇女只有在全面参与经济社会发展的基础上，才能不断提高自身的素质和能力，实现妇女与经济社会同步发展、男女两性平等和谐发展和妇女全面发展。

党的十八大以来，习近平总书记立足新时代的历史方位，运用马克思主义立场、观点、方法，深刻回答了新的历史条件下妇女事业和妇女工作创新发展中具有方向性、全局性、战略性的一系列重大问题，提出了一系列富有创见的关于妇女全面参与的新思想、新观点、新论断、新要求，集中体现了我们党对新时代中国特色社会主义妇女事业的战略思考和科学谋划，为正确认识和解决妇女发展中的各种复杂问题，引导妇女群众坚定不移地走中国特色社会主义道路，积极参与全面建成小康社会、全面建设社会主义现代化国家的伟大实践，促进妇女事业发展提供了强大思想武器。

历史和现实告诉我们，只有坚持马克思主义，只有坚持并发展马克思主义妇女理论，我们才能在女性解放和全面参与的发展道路上勇往直前。

第二节　围绕主线，突出层次

思想政治教育为党的中心任务和中心工作服务是党的优良传统和一贯主张。回顾中国共产党领导下的女性参与意识培育历程，党的总任务和妇女面临的现实问题是各个历史时期开展女性思想政治教育的根本依据。党的妇女工作基本围绕两条线索展开：一是党的事业需要女性做什么，即女性能在党和国家建设中发挥怎样的作用；二是党能为女性做什么，即党的大政方针如何促进女性的发展和进步。在各个历史时期，党和国家面临的主要矛盾和历史任务不同，女性所面临的现实问题也有差异，为此在培育女性公共参与意识方面的目标和任务也不尽相同。但不管妇女运动的工作方针如何变换，也始终是围绕着党和国家的中心任务进行的，不同的是每个时期的工作着力点和关注层次侧重不同。

一　围绕中心任务，突出不同时期的参与主体，兼顾培育对象的广泛性

一直以来，我国女性公共参与意识的培育是在解放话语中进行的。解放的主题又随着社会主要矛盾的转化而转移，纵观我国女性公共参与培育的历程，在广泛推动大背景下，不同历史时期的培育主体有所差异，有所侧重。在新民主主义革命时期，反帝反封建是当时的中心任务，早期的共产党人从天赋人权的平等思想出发呼吁解放妇女，解放全人类，扫清妇女解放的思想障碍，奠定了平等参与的理论基调，这一时期的女

性参与意识培育基本和革命意识融为一体，是反对帝国主义、封建主义和官僚资本主义的思想酵素，不具有独立的妇女解放色彩。

人民民主革命胜利后，中国女性开始真正走上社会，进入社会生产领域，具有相对独立的经济地位和政治地位。这既是当时社会生产力不足历史条件下的客观需求，也是妇女走向独立和解放的必然趋势。这个阶段围绕发展的中心任务，中共中央提出要从根本上消除束缚妇女的封建制度的政治经济基础，从根本上创造彻底解放妇女的社会条件。所以发动和组织妇女参与社会生产，就是此时妇女公共参与意识培育的重要方式和中心任务。

20 世纪 50 年代社会主义改造基本完成之后，妇女在宪法保障和政治运动的推动下开始全面走向社会。1953 年中国妇女二大专门对女性在政治权利、经济参与和社会参与等诸多方面的变化和重要作用进行阐释，指出在社会主义建设的新时期，要进一步发动广大妇女的参与，在工业、农业、科学技术和国防建设等各个领域发挥其潜在的劳动力量，并特别强调指出在建设时期，“生产是压倒一切的中心任务，妇女运动的中心也就是动员妇女积极参加工农业生产”。1955 年 4 月，全国妇联召开第一次全国城市妇女工作会议，明确在过渡时期城市妇女工作的根本任务：团结和教育城市的各族劳动妇女和其他各阶层的妇女，热烈响应中国共产党的号召，兢兢业业，克服困难，努力增产，反对浪费，厉行节约，为完成和超额完成第一个五年计划及以后的建设计划，为逐步实现国家过渡时期的总任务贡献出最大的力量。[①]

① 中国妇女管理干部学院编《中国妇女运动文献资料汇编》（第 2 册），中国妇女出版社，1988，第 210 页。

近代中国妇女解放的一个突出特点是知识女性群体的觉醒和崛起。[①] 从五四运动到国民革命，随着历史条件的发展变化，妇女运动的主体发生了深刻变化，以进步知识女性为先导，女工和其他阶层女性被广泛动员起来，成为重要的参与力量。在参与的过程中，妇女运动领袖和骨干逐步成长起来，主体意识日渐觉醒，妇女组织的力量也逐步加强，形成了各阶层妇女的大联合，把妇女参与活动和妇女解放运动推向一个新的阶段。

改革开放时期的主旋律是以经济建设为中心的现代化建设，邓小平指出一切任务都要紧紧围绕经济建设这个中心。这一时期的女性参与指导思想也因此具有鲜明的时代特征，是以建设中国特色社会主义理论和马克思主义妇女观为指导，“围绕经济建设开展妇女运动，从社会发展中求妇女解放”。之后很长一段时期内，中国妇女运动的总任务都在“围绕这个中心”基础上根据新情况调整参与意识的角度。1983 年中国妇女第五次全国代表大会号召广大妇女：发愤图强，在思想政治、文化科学、专业知识和技能方面，提高素质；学习、宣传、执行宪法和法律，维护妇女儿童权益；提倡妇女要有“自尊、自爱、自重、自强”的“四自”精神；培育儿童少年，做好母亲，当好“园丁”；树立社会主义婚姻道德观，增进家庭民主和睦，争创“五好家庭”。1988 年中国妇女第六次全国代表大会指出妇女运动的总任务就是“在党的基本路线指引下，各族各界妇女团结起来，自尊、自信、自立、自强，全面提高素质，积极投身改革和建设，为夺取改革攻坚阶段的胜利，促进妇女的进一步解放而奋斗”。新“四

① 畅引婷、杨霞：《在个人与政治之间——邓颖超的革命经历与女性主体意识建构》，《妇女研究论丛》2016 年第 2 期。

自”是对五大提出的“自尊、自爱、自重、自强”的进一步发展。自尊，是尊重自己的人格，维护自己的尊严，反对自轻自贱；自信，是相信自己的能力，坚定自己的信念，反对妄自菲薄；自立，是树立独立意识，体现自己的社会价值，反对依附顺从；自强，是顽强拼搏，奋发进取，反对自卑自弱。“四自”精神的目的在于唤起女性自我意识的觉醒，促使广大妇女增强历史使命感和社会责任感，做主动参与的社会主义新女性，对提高女性素质和自我意识产生了广泛的影响。在这个理念的指导下，广大妇女投身改革开放和现代化建设，自觉在以经济建设为中心、参与社会生产的同时谋求自身更大的解放和发展，把妇女自身发展纳入社会发展的主流。

20 世纪 90 年代以来，以人为本的可持续发展战略成为人类面向未来的理性选择，妇女发展状况成为衡量国家发展状况的重要指标。妇女发展问题被提升到国家战略的高度，男女两性在社会主义市场经济条件下发展的均衡、公平、协调问题被放到整个社会发展的大局中去思考。1993 年召开的中国妇女第七次全国代表大会是在邓小平南方谈话、中共十四大明确提出建立社会主义市场经济体制和中国积极筹备第四次世界妇女大会的背景下召开的。大会在参考联合国一系列重要妇女文件基础上，结合中国国情和妇女发展的实际情况，首次提出了中国妇女发展的十项战略目标，更加科学、规范地制定了妇女参与发展的具体内容和指标。

1998 年中国妇女第八次全国代表大会提出要高举邓小平理论伟大旗帜，坚持马克思主义妇女观，弘扬“四有”“四自”精神，团结动员广大妇女全面参与中国特色社会主义的经济、政治、文化建设，促进妇女的发展，为贯彻实施社会主义初级阶段的基本纲领、实现现代化做出贡献。

党的十九大提出的目标任务，要围绕统筹推进“五位一体”总体布局、协调推进“四个全面”战略布局，贯彻新发展理念，聚焦深化供给侧结构性改革，开展富有女性特色的建功立业活动，最大限度地调动妇女积极性、主动性、创造性。打赢防范化解重大风险、精准扶贫、污染防治三大攻坚战是当前全党全国的重要任务。要把握妇女对美好生活的向往，有针对性地做好联系妇女、服务妇女各项工作，把更多注意力放在最普通的妇女特别是困难妇女身上，格外关心贫困妇女、残疾妇女、留守妇女等困难妇女。

二　根据时代问题，着力参与意识的不同层次，凸显培育工作的针对性

新民主主义革命时期，女性的公共参与意识单向度地呈现为政治参与意识，在反帝反封建的民族解放运动中，女性政治参与意识自发地萌生。从新中国成立到“文革”结束，是中国女性整体性地被解放、被塑造的社会性解放时期。国家从法律上确立了男女平等的社会地位，并且通过意识形态、政治运动和行政干预不仅使女性平等参与的思想深入人心，从制度和行动上要求和动员女性参加社会工作，而且使其参与的范围体现在社会生活的各个角落。这一时期，女性在最短的时间内（不到10年）由“家庭中人”成为“社会中人”，完成了整个女性群体的社会化过程。

改革开放以来，是中国女性在“社会性”解放基础上女性意识和主体意识觉醒的转折时期。在前一阶段广泛参与的基础上，女性的主体意识觉醒，开始从“社会”中分离出“自我”意识，从“男女都一样”中分解出女性特质，从一向被国家、社会、男人解放的传统中独立出来，开始通过自发的民间妇女团体来有效组织和独立参与。

这是女性群体从自发到自觉地确认和维护自身利益的成长过程。这一时期许多女性问题的凸显，某种程度上反映了社会发展和女性发展在某一方面发生断裂，但并非女性公共参与意识的回潮和倒退，而是女性作为人的主体意识觉醒后要求在社会中实现自我价值和自我发展。

20 世纪 80 年代，为了回应改革开放之初给女性带来挑战，工作重点是通过立法、普法和宣传教育来保护妇女生存权。90 年代之后，尤其是 1995 年世界妇女大会的推动，将女性发展纳入社会发展的总体规划，开始关注社会发展给女性带来的福利。21 世纪以来，女性群体的分化加大，妇女工作着重于解决妇女生存与发展的瓶颈问题，关注不同妇女群体的发展不平衡问题，同时努力改善女性人才的成长环境。运作方式上呈现出党、国家、社会、妇女组织多维互动的模式。

当前我国社会进入发展的关键期、改革的攻坚期和矛盾的凸显期，妇女群体分化加速、人口流动频繁、就业方式灵活、思想观念多元、利益诉求多元，女性人才发展、女大学生就业、农村妇女土地权益、留守流动妇女权益、贫困母亲问题、单亲母亲问题、婚姻家庭中的妇女权益保护问题都成为妇女发展的时代问题。为此，党和国家正在加大力度推动妇女研究成果转化，运用大数据，利用新方法，科学分析不同妇女群体的特点和需求，提出有价值、可推广、能实现的解决办法，为不同层次的妇女群体的全面参与和发展扫清道路。

妇女研究议题或论题的变化，可以从多个不同的角度反映不同时段党和国家所关注的妇女问题。笔者曾对中国妇女研究会会刊《妇女研究论丛》创刊 20 年的会议综述进行了整理研究。综观会议综述，我们不难发现社会发展在当代中国妇女发展中的印记。1995 年之前，“改革”与“市场经济”是出现频率较高的一个词语，如“改革大潮中的妇女”（1993 年第 1 期），“市场经济与妇女发展”（1993

年第3期），“社会主义市场经济与女性人才资源开发”（1994年第3期）等研讨会或座谈会，反映的就是中国社会在计划经济向市场经济转轨过程中妇女生存与发展所面临的许多新问题。1995年到世纪之交的2000年，“西方”和“全球化”等概念在妇女研究中的频繁使用，以及妇女与环境、妇女与发展、妇女跨国流动等议题的提上日常，反映的是全球化进程中妇女所面临的各种机遇和挑战。进入21世纪的10年里，中国在软实力和硬实力方面的齐头并进以及加入国际世贸组织，在妇女研究领域“本土化”和“本土的”思考成为主题，而对民族、国家、环境、气候、战争、安全、健康、人权、赋权、话语权、霸权、身体、性、发展、机遇、接轨、对话等一系列概念从“社会性别角度”所给予的多重审视和解读，都表明中华民族日渐以自己独有的“特色”为世界历史的发展做出贡献。[①]

回顾这一发展历程，我们看到，时代不同，党的中心任务不同，女性生存与发展面临的问题不同，女性参与的具体方式就有所差异。依据不断变化的新情况和出现的新问题，适时调整妇女工作的中心，针对不同层次妇女的所思所想所盼一个问题一个问题研究，逐个突破重点问题，无疑是促进广大女性全面参与的基本遵循之一。

第三节　方法多样，与时俱进

培育女性的公共参与意识就是针对女性公民的特点对其进行思想政治教育。而科学的方法无疑是保证思想政治有效性的关键。回顾我国女

① 畅引婷、杨霞：《记录历史・交流信息・传播理念——对〈妇女研究论丛〉学术会议综述的评述》，《妇女研究论丛》2012年第2期。

性公共参与意识发展的历程，在知识文化水平普遍偏低的战争年代，适宜采取“我讲你听，我打你通”的“灌输式”思想政治教育方法，同时思想教育与文化知识教育相辅相成，互为补充。新的历史时期，新的问题则需要运用更加丰富的理论工具，才能增强理论宣传的说服力。

一 把媒介宣传和文化教育相结合，增强思想宣传的感染力

马克思主义唯物辩证法认为，内因是事物变化发展的源泉和动力，是推动事物发展变化的根本性因素。国家层面的宣传调动和社会的支持鼓励是作用于女性参与的外力，女性主体意识的觉醒才是提升女性参与意识和参与能力的根本所在。思想认识的改变、能力的提高有赖于文化教育水平的提升和先进理念的灌输。

中国共产党成立后，开展思想政治教育的主要任务就是向群众灌输马克思主义意识，宣传、组织、动员广大群众参与革命。在半殖民地半封建社会的中国，人民群众的文化水平普遍落后，女性受封建传统文化的影响和毒害教育水平更低。为此，中国共产党把思想理论的宣传与文化教育的普及相结合，一方面通过组织夜校、平民女校等形式开展思想教育。通过开展冬学运动，举办识字班、识字组等教育形式，提高广大妇女的思想觉悟。另一方面借助妇女报刊宣传妇女解放思想。

1922 年在上海创办的平民女校是第一所由中国共产党领导的女子学校，李达人任校长，实行半工半读制，教育内容都是适应新思潮、启发革命觉悟并且适用于平民的，教师大多是党的领导人，在平民女校就读过的许多学生，后来大多成为党的妇女工作的领导骨干。比较有代表性的妇女教育组织还有 1921 年成立的武汉妇女读书会、天津女星社 1923 年创办的女生第一补习学校和 1924 年创办的女生星期义务学校以及广东妇女解放协会创办的劳动妇女补习学校，这些妇

女组织为培养妇女干部、提高贫民女性的文化素质发挥了重要作用。

列宁提出新闻出版工作的三个任务是：宣传员、鼓动员和组织者。中国共产党成立之时就充分强调报刊的喉舌作用。1921 年 12 月，中国共产党领导的第一份妇女刊物《妇女声》在上海创刊，由上海中华女界联合会负责出版。1922 年中共二大接受第三国际第三次代表大会的决议，即“各国共产党于他们的组织之旁设立特别委员会，以宣传广大的妇女群众，并令在各国创立妇女部，各国共产党的机关报中，亦须为妇女特辟一栏”[①]，决定将新出版的《向导》周报作为党中央的机关报，特辟妇女专栏，作为妇女运动的宣传阵地。此后，中国共产党一直把创办妇女报刊作为妇女宣传思想工作的重要组成部分。1923 年中共三大决定“要在全国妇女运动中树立精神的中心，应创办一种出版物，以指导并批评日常的妇女生活及妇女运动”[②]。1925 年中共四大提出为了发展党的妇女宣传工作，要创办妇女定期刊物，在内容上“应注重妇女问题多方面的描写和批评”，此外在的党的各种机关报上也要为妇女思想工作做宣传和理论上的阐释。1925 年 12 月 30 日，上海各界妇女联合会的机关刊物《中国妇女》旬刊创刊，这是一本全国性的妇女刊物，由中共中央妇女部部长杨之华负责。随后，湖北、广东、广西、云南等省份设立的妇女解放协会、妇女协会、各界妇女联合会等妇女团体，纷纷创立了自己的会刊，如《武汉妇女》（后更名为《湖北妇女》）、《广东妇女解放协会会刊》（后更名为《光明》和《妇女生活》）、《妇女之光》和《女声》等。

① 中华全国妇女联合会妇女运动历史研究室编《中国妇女运动历史资料（1921—1927）》，人民出版社，1986，第 29—30 页。

② 中华全国妇女联合会妇女运动历史研究室编《中国妇女运动历史资料（1921—1927）》，人民出版社，1986，第 68 页。

《妇女声》是中国共产党的第一份妇女刊物，集中反映党成立初期的妇女运动思想，在提高妇女觉悟和促进妇女参与发展中发挥了相当大的作用。如同第一份妇女报纸《女学报》与女学会、中国女学堂的密切关系一样，《妇女声》杂志与中华女界联合会和平民女校是三位一体的关系，它们把报刊作为思想宣传的阵地，以妇女团体为根本，同时通过学校为团体和刊物培养人才。

抗日战争时期，作为妇女运动的重要舆论宣传媒介，妇女报刊空前繁荣，不仅有中国共产党直接领导的妇女报刊，如延安的《中国妇女》和重庆的《新华日报》副刊《妇女之路》，还有妇女抗日民族统一战线下创办的妇女刊物，如新生活运动妇女指导委员会编辑出版的《妇女新运》月刊、《妇女新运》季刊、《妇女新运通讯》以及全国各地新运妇工会创办的妇女报刊。另外还有国民党妇女运动负责人主编的妇女报刊和社会各界创办的各种妇女报刊。在内容上，绝大多数妇女报刊的主要内容是：宣传抗日救亡，阐明妇女解放与民族解放之间的关系，动员妇女参加救国战争，报道妇女参与抗日救亡活动。另外还交流战时妇女工作经验，反映妇女自身的生活状况和要求，讨论妇女就业、妇女参政，争取妇女权益等。

《妇女生活》由现代著名的妇女报刊创办者、编辑家沈慈九创办，历尽磨难，但它自始至终都与中国共产党保持着密切联系，实际上是中国共产党领导下的妇女刊物。中国共产党妇女运动领导长期指导并参与《妇女生活》的编辑工作。1938 年初，邓颖超在《妇女生活》上发表《对抗战现阶段妇女运动的意见》，号召妇女运动“要在总的抗日统一战线下，经过统一战线，去动员组织各界妇女到抗日救亡运动中来”[①]。

① 刘人锋：《中国妇女报刊史研究》，中国社会科学出版社，2012，第 254 页。

《妇女生活》关于二三十年代关于妇女回家的两次讨论，在当时颇有影响，对当时鼓吹妇女回归传统性别分工，从已有社会事业上退下，回家做贤妻良母的复古论调进行了坚决的反击，提出要以理性的态度看待贤妻良母，不能把女性的发展空间局限在家庭中，压抑女性的才能，要重视女性的劳动能力和社会参与能力。所谓的贤妻良母论调是束缚女性的枷锁，在救亡图存的抗战时期，这种论调既不能解决女性自身的发展问题，也不能解决社会问题。这种强有力的正面舆论倡导遏制了逆时代潮流的论调，激发和促进了女性广泛参与社会活动的意识和行动。

新中国成立后，对妇女进行宣传教育成为妇女工作的主要内容。1951 年 7 月，全国民主妇联第一次宣传教育工作会议通过了《关于妇女宣传教育工作的决议》，要求各级妇联“运用各种宣传工具和各种机会来进行妇女宣传教育工作”。从全国妇联到各地的民主妇联纷纷创办报纸、刊物。毛泽东为《新中国妇女》题词：“团结起来，参加生产和政治运动，改善妇女的经济地位和政治地位。”[①]《新中国妇女》注重从理论和实践方面探讨妇女问题，研究妇女工作，交流妇女活动和工作经验，并向妇女群众宣传普及基本的国际国内时事知识，受到广大妇女读者的欢迎。另外，在各地民主妇联中，影响较大的刊物还有《北京妇女》《现代妇女》《山西妇女》《天津妇女》《河南妇女》等。

“文革”时期，全国的新闻出版事业都遭遇重创，许多妇女报刊停办了。改革开放后，随着经济体制改革的推进，新的妇女发展问题出现，各级妇联恢复和创办了一大批妇女刊物。1980 年底全国妇联提出妇女要有“自尊、自信、自立、自强”的“四自”精神，要求

① 《新中国妇女》1949 年创刊号。

妇女报刊大力宣传引导有关的讨论。妇女报刊作为妇联工作的宣传舆论平台，不仅宣传妇女解放思想和妇女工作的方针政策，调动广大女性的主体意识，促进妇女参与社会生活，而且反映了社会在改革开放过程中所产生的新的妇女问题，维护妇女的合法权益，比如针对招生、就业和提干中的性别歧视问题，针对土地联产承包中一些对女性的歧视做法组织相关的系列报道和讨论，以弘扬文明进步的妇女发展观，保障妇女平等的发展机会和自由的选择权利。

1984 年创刊的《中国妇女报》是新中国成立后的第一份全国性的妇女报纸，邓小平同志题写了报名，表明了党和国家对妇女发展事业的重视，邓颖超在创刊题词中写道："中国各族妇女要在四化建设中做出优异的成绩。"时任全国妇联主席康克清发表《祝贺与希望——代发刊词》，希望《中国妇女报》"向社会宣传妇女，向妇女宣传社会"，充分发挥报刊媒介在妇女与社会之间的沟通和传播作用。《中国妇女报》大量及时地反映和宣传了新形势下妇女生活的新变化，报道各行各业的优秀女性及其创造的业绩，不仅为广大妇女群众提供了学习的榜样，激励更多的女性发挥自身聪明才智，参与到社会的全面建设中来，而且向社会展示妇女作为社会主义建设者的能力和风采，使全社会正确认识女性的作用和价值，有助于消除重男轻女的封建思想，有助于妇女的彻底解放。《中国妇女报》还密切关注新时期新的妇女问题，以舆论的力量批评歧视妇女、侵犯妇女合法权益的思想与行为，坚持为广大妇女的政治参与权利、劳动权利、受教育权利、人身权利等积极呼吁，成为广大女性吐露心声的舆论阵地。借助《中国妇女报》等主流报刊媒介，引导广大女性不仅具有自我意识，萌生参与意识，进而增强竞争意识和成功意识，成为一个优秀的参与群体。

随着网络技术的发展，新媒体已成为促进妇女全面参与的重要舆论宣传阵地，《中国妇女发展纲要（2011—2020年）》提出“完善传媒领域的性别平等监管机制”的目标，要求“制定和落实具有社会性别意识的文化和传媒政策”，“加强对传媒的正面引导和管理”，推动女性平等参与原则在文化和传媒领域得到充分体现。中国共产党高度重视加强《人民日报》、《求是》、新华网等中央主流媒体对妇女事业和先进性别文化的宣传。各级妇联组织纷纷开设政务微信公众号、官方微博，通过新媒体方式加强女性参与的舆论引导，大力宣传妇女的主体地位和在推动经济社会发展中的积极作用，有力鞭挞贬抑、否定妇女独立人格等性别歧视的社会文化现象，传播先进性别文化、倡导性别公正、贯彻男女平等基本国策，在全社会营造了女性全面参与的良好氛围。

二　夯实理论研究，增强理论宣传的说服力

认识是行动的先导，没有革命的理论就没有革命的行动。马克思说：“批判的武器当然不能代替武器的批判，物质力量只能用物质力量来摧毁。但是理论一经掌握群众，也会变成物质力量。理论只要说服人，就能掌握群众；而理论只要彻底，就能说服人。所谓彻底，就是抓住事物的根本。”[①] 培育女性的参与意识必须要从传统的经验型灌输向现代的专业型研究转变，所谓“专业型研究”就必须有专业知识和专业能力的支撑，就有赖于妇女研究理论的发展。

改革开放以来，我国的妇女理论研究为女性公共参与的发展提供了强大理论指导和智力支持。1982年11月26日，《解放日报·新

① 《马克思恩格斯全集》（第3卷），人民出版社，2002，第207页。

论》刊发《妇女问题杂议》一文指出："重男轻女思想的回潮，要求我们加倍重视妇女学。"这是我们理论报刊第一次提出"妇女学"这一学科名称。1984 年由全国妇联主办的《妇女工作》第 9 期上又发表了《完善和发展妇女学问题》，开启了妇女学学科研究的大幕。1986 年 1 月 27 日《中国妇女报》发表题为《迎接妇女学的黄金时代》的文章，并在该文的编者按中指出："我们相信，经过一个自下而上、从自发到自觉、从零碎到系统的探索之后，一门新的综合研究妇女问题的学科一定会产生。为了探索与发展，本版特辟'理论探讨'专栏，以发表研究者的各种简介，集思广益，促进这门学科的尽早建立。"随着全国妇联一报一刊的倡导，我国妇女学理论研究如雨后春笋，茁壮成长，蓬勃发展。①

进入 20 世纪 90 年代，改革开放的深入发展使女性群体内部的分层日益多元，需求也更加多样化，各种妇女问题逐渐凸显。借着 1995 年世妇会的东风，学术界和知识女性普遍开始关注社会性别研究，妇女研究机构陆续成立，并日渐发展壮大，妇女理论研究取得了丰硕的成果。更可喜的是，这些研究成果中高屋建瓴者可以触及国家经济社会发展的规划理念，接地气的已经并且还将继续影响甚至直接催生国家的法律政策法规的出台，充分彰显了理论对实践之强大的推动力。

在妇女发展现实问题和对策方面，研究者加强与相关决策部门及实际工作者的合作，围绕妇女发展的重点难点问题，开展了一些影响重大的课题研究和专题研究。其中最受瞩目的是中国妇女社会地位调

① 王金玲主编《中国妇女发展报告 No. 5——妇女/社会性别学学科建设与发展》，社会科学文献出版社，2014，第 434 页。

查。这是一项具有广泛性、权威性、追踪性的重要国情、妇情调查，由全国妇联和国家统计局联合组织，分别在1990年、2000年、2010年进行了三次调查，调查内容涉及妇女发展的各个领域，包括经济、政治、健康、教育、婚姻家庭、法律权益、性别观念、生活方式等，除此之外还进行了典型群体抽样，如国企女工、流动妇女、女企业家、少数民族妇女、老年妇女、女童、女大学生、女性高等人才等。调查结果全面、客观地反映了我国性别平等与妇女发展的状况、取得的进展及存在的问题，分析影响妇女地位变化的影响因素，为党和政府制定相关政策提供科学依据，为推进妇女工作的科学化和中国特色妇女理论研究提供现实参考。三次调查的研究成果取得了良好的社会效益，以调查数据为基础对妇女参与经济社会发展中的重点难点进行客观分析，采取专题专报、新华社动态清样、两会提议等方式向中央办公厅和有关部门反映情况，提出建议，为党和政府解决妇女发展中的重点和难点问题提供了数据资料和信息支撑，促进相关法律政策的完善，推动将妇女发展纳入经济社会发展的总体规划。另外，彭珮云同志还主持了“中国经济转型期促进妇女参政研究”，这项研究从历史、国际、政策、现状和需求等角度，全方位梳理我国妇女参政的状况与经验，总结了妇女干部面临的困难和需求，为完善妇女参政提出了有针对性的政策建议。根据陈至立通知指示，全国妇联联合中组部等十个部门开展了“女性高层次人才成长状况研究与政策推动项目”，该项目在实证研究基础上推动政策完善，采取边调研、边论证、边争取政策的策略，产生了诸多研究成果，特别是在推动相关部门出台政策方面取得了重大成效，合作的十个部门程度不同地出台了促进女性人才成长的政策或积极措施，其中包括《国家中长期人才发展规划纲要（2010—2020）》将性别观点和妇女人才发展的内容纳入其中，并进一步重申女干部平等退休政策；国家自然科学基金委先后出台培养和扶持女性科研人员一揽子政策措施；科学技术部与全国妇联2011年印发了《关于加强女性科技人才队伍建设的意见的通知》等一系列落地有效的政策。

除了重大课题之外，为了有针对性地推动妇女发展的现实和对策研究，许多新的领域开展了专题研究，除了传统的妇女就业、妇女参政、妇女健康、妇女与教育外，关于妇女与社会保障、农村妇女土地权益、反对针对妇女的暴力、流动妇女、妇女与贫困、妇女与环境、妇女与科技等方面的研究逐渐成为新的学术生长点，并且研究方法更加多元，研究视角更加多样，特别是研究者高度重视对现有法律、政策和制度的社会性别分析，对公共政策和法制建设中的社会性别主流化起到了很大的作用。2015年《中华人民共和国刑法修正案（九）》和《中华人民共和国反家庭暴力法》的修改通过都凝结着研究者的理论阐释和舆论推动。

30余年来妇女研究理论逐步发展，推进妇女发展的社会行动日益蓬勃，妇女/性别学已经成为一门显学。20世纪80年代李小江、邓伟志等最早提出建立妇女学学科，1986年第二次全国妇女研讨会确立了妇女学学科建设专题。20世纪90年代，尤其是1994年筹备世妇会始，西方女性主义理论与社会性别视角进入，并逐步成为该领域主流，学科建设工作开始推进。21世纪以来，各种具有“启蒙”性质的关键词汇在妇女研究中开始反复出现，如女性意识、妇女意识、女权意识、女性群体意识、性别意识、社会性别意识、参与意识、自我解放意识、性别平等意识、先进性别文化建设等，都对人们的思想文化观念带来了巨大的冲击和挑战。学科建设不断加强，形成某种机制化运作，在强调从“妇女/性别的眼睛”看世界的同时，对本土的知识及经验和“本土化”关注日增，性别视角进入更多的学科领域，包括自然科学，并且向中小学领域迈进，知识的行动化与行动的知识化并举。妇女/性别学学科的发展壮大在知识生产领域形成规模影响，改变了人们对传统性别文化的认识，把先进的性别文化开始深入哲学人文社会科学研究的各个领域，也通过大众传媒在普通民众中逐步推进。具体来讲，一方面从女性的经验和感悟出发，反思以往的父权/男权文化。如李小江等通过对解放后妇女解放过程中“做像男人一样的女人”的反思，提出了“走向女人”和“实现我自己”的观点[①]；王政等通过对“女人味”的质疑，提醒人们对性别本质主义保持警惕[②]，等等。另一方面用女性的眼睛看世界，赋人文社会科学研究中各种有关性别的概念/观念以新的含义。如对传统的男性气质和女性气质的批判，对“男主外女主内”的传统性别分工模式的质疑，对公私领域在人类社会发展中不同作用的重新界定，以及家务劳动社会化和工资化的主张，都在一定程度上改变了传统的性别观念。同时通过项目运作、中外文化交流等知识的行动化方式在文化碰撞和交锋中探究、思索、融合，培育了多元化的女性参与意识土壤，也创新了培育路径。

第四节　放眼全球，组织有力

建立专门的妇女组织，推进妇女解放与发展的进程，既是马克思主义妇女解放理论的基本主张，也是中国共产党培育女性公共参与意

---

① 李小江：《走向女人：新时期妇女研究纪实》，河南人民出版社，1995，第50页。

② 王政：《越界：跨文化女权主义实践》，天津人民出版社，2004，第76页。

识的基本经验。在革命和建设的各个时期，遍及各地的妇女组织在团结、教育广大女性参加革命运动，维护女性权益方面发挥了重大作用，是女性自我觉醒的重要标志。另外，妇女组织参与国际妇女活动，在与国际妇女运动的相互交流和融合中，助推中国妇女参与发展，同时向世界传递中国声音。

一　广泛建立妇女组织，形成思想宣传的合力

我国的妇女组织诞生于维新改良时期的"合群"救亡思想，当时西方列强大举入侵，妇女组织受到民族主义影响，基本上处于混沌的弥散状态。中国共产党成立以后，把妇女组织作为带动和组织妇女参与革命建设的重要组织，特别注意把最广大的劳动妇女组织起来，从上到下形成系统，把组织建在基层，工作做到基层，以中国特色的路径引导妇女组织发展。从这个意义上说，考察中国妇女组织的生成、流变、融合与发展，就是分析中国共产党在各个时期妇女工作的演变轨迹和组织逻辑。

早在 1922 年，中国共产党成立了中央妇女部，并建立了以女工农妇为主体的群众组织，作为组织妇女参加反帝反封建斗争的领导机构，带领女工农妇为阶级解放、民族解放和新中国的诞生树立了丰功伟绩。中国共产党领导下的妇女组织与爱国进步的各界妇女广泛结盟，不断发展壮大。新中国成立前夕，中国共产党领导建立了全国性的妇联组织——中国全国民主妇女联合会（1978 年更名为中华全国妇女联合会），是最大、最为重要也最具代表性的妇女组织。经过 60 余年的发展，妇联组织建立了从中央到地方再到基层的组织网络，成为党开展妇女工作的主要阵地，也成为培育女性公共参与意识的重要园地。妇联组织的传统运作方式是通过意识形态教育引导妇女群众、

发动整合妇女群众力量，以政治荣誉来激发妇女为国家做出贡献。以政治地位而言，妇联组织作为参加全国人民政治协商会议的八大团体之一，直接或间接影响着国家权力机关的决策。它是目前唯一典型的“党政社”合一的组织，集妇联党组、政府妇儿工委议事协调机构、非政府妇女组织于一体，处于国家领域和社会领域的中间状态①。妇联组织是党和政府联系妇女群众的桥梁和纽带，其基本职能就是代表和维护妇女权益，促进男女平等。

改革开放以来，各级妇联保持坚定的政治性，突出先进性，强化群众性，服务大局，带动妇女，不断创新，开展了一系列内容丰富、形式多样的活动。在农村女性中开展“学文化、学技术、比成绩、比贡献”的“双学双比活动”，在女职工中开展“巾帼建功”和“巾帼文明岗”活动，在城乡开展“五好文明家庭”活动等。组织和引导广大女性提高自身素质，积极参与经济社会建设，促进自身发展。代表广大女性反映诉求，维护女性权益，参与民主决策、民主管理和民主监督，推动落实男女平等基本国策。在宣传社会主义核心价值观体系和男女平等基本国策、倡导妇女发扬“四自”精神，树立优秀女性形象等方面做了大量工作，推动了先进性别文化建设；在参与社会管理与公共服务方面大胆探索，发展工艺慈善事业，为改善民生发挥了作用。在开展爱国统一战线和对外交流方面，积极参与，促进了海内外中华女性大团结，增进了与世界各国女性的沟通与交流。与此同时，各级妇联不断扩大组织和工作的覆盖面，创新联系妇女和各类妇女组织的渠道。

---

① 裴宜理通过对中国工会的研究得出，西方的“国家—社会”无法解释中国的社团活动。陈琼：《现代国家建构与妇女公共参与——思想变迁的视角》，社会科学文献出版社，2011，第5页。

中国共产党特别重视妇联组织的重要作用，将妇联组织属性界定从1978年妇女四大章程中的“党联系妇女群众的桥梁”、1983年妇女五大章程中的“党联系妇女群众的纽带”，发展到1988年妇女六大章程中的“党和政府联系群众的桥梁和纽带”。1989年通知中更是首次在界定妇联属性中增加“国家政权的重要社会支柱”，并从妇女七大到十二大一直沿用这一表述。重视发挥妇联组织在社会治理体系中的作用，特别是2018年《中共中央关于深化党和国家机构改革的决定》对包括妇联在内的群团组织改革也做出部署，从推进国家治理体系和治理能力现代化的高度，将构建联系广泛、服务群众的群团工作体系作为党和国家机构改革的重要目标之一。党的十九大进一步为新时代妇联改革和妇女工作指明方向、提供根本遵循。习近平总书记也高度重视妇联和妇联工作，主持会议审议《全国妇联改革方案》，审阅全国妇联党组报告并作重要批示，指出妇联要承担好代表和维护妇女权益、促进男女平等和妇女全面发展的重要工作。

近几年来，各级妇联组织越来越意识到女性群体的利益和选择的多样性，注重从源头参与，积极推动将男女平等基本国策和妇女发展目标纳入党的施政纲领和国家的发展计划。不仅在社会参与方式和广度方面做出了努力，还积极扩展参与领域，比如健康、再就业、环境保护等方面。与政府部门合作，实施小额信贷政府贴息扶持妇女创业、为农村妇女乳腺癌、宫颈癌免费检查、推动农村妇女进村“两委”、促进女性高层人才成长等一些普惠项目，努力使广大妇女群众得益受惠。

我国妇女非政府组织是最早大规模接触和参与国际非政府组织活动的群众组织之一。改革开放以后，政府机构的改革和市场经济的建立，使非政府组织有可能成为两种体系间最为活跃的社会组织。妇女发展出现的新问题和新需求迫切需要多样灵活的非政府组织的推动。从某种意义上说，1995 年世界妇女大会在北京的召开，带来了我国妇女非政府组织发展的历史契机。妇女非政府组织的蓬勃发展既是改革冲击女性催生的女性自我解放，也是女性，尤其是知识女性在改革中凸显主体意识和群体意识的重要体现。一些由高校或科研院所自发组织起来的研究性妇女非政府组织从教学、学术探讨、社会宣传等方面为女性参与服务，还有少数用于妇女立法和决策。另外一些服务性、联谊性和综合性的妇女非政府组织，如红枫妇女心理咨询热线、《农家女百事通》杂志、北京大学妇女法律研究与服务中心、中国妇女传媒检测网络等兼有服务、联谊、教育培训等职能，其骨干和负责人多为参加 1995 年世界妇女大会非政府妇女论坛活动、较多接触国际 NGO 妇女组织、较多学习国际妇女组织经验和领导艺术的妇女活动积极分子，她们具有很强的行动力，也具有超前的独立意识，她们在不同的领域发挥作用，也在一定的范围内联合行动，用颇具新意和行动力的活动为女性公共参与的推进做出努力。

非政府妇女组织推进了妇女法律和法规的制定和实施。改革开放以来，我国出台的一系列涉及妇女权益的法律法规，远的如《中华人民共和国妇女权益保障法》《关于严惩拐卖绑架妇女儿童犯罪分子的决定》《关于严禁卖淫嫖娼的决定》，近的有《女职工劳动保护特别规定》等，还有刚刚通过的《中华人民共和国反家庭暴力法》，这些法律法规的出台，无一不受到当时妇女非政府组织的推动和影响。妇女非政府组织的研究和活动还直接影响和推动了《中国妇女发展纲要》各项目标的制定和检测。此外，在影响社会舆论促进性别平等的正确导向方面，妇女非政府组织也发挥了重大作用。

综上，妇联组织是推动女性参与意识培育的基本力量，民间妇女组织是提升妇女参与能力的新生力量。正是我们认识到并且重视发挥各类妇女组织的独特作用，整合各种社会力量来动员女性参与社会建设，才形成了促进女性发展的合力。

二　积极参与国际妇女活动，增强国际社会影响力

妇女问题是国际社会普遍关注的重要问题，女性参与一直在世界范围内备受关注。我国妇女运动同国际妇女活动密切联系，互相促进，互相影响，成为不可抗拒的历史潮流，也成为我国女性公共参与意识培育的重要经验。我国推进女性参与的发展历程是世界妇女解放运动的重要组成部分。

我国积极参与联合国妇女领域的活动，自 1971 年恢复合法席位之后，一直积极支持“联合国妇女十年”的系列会议，先后五次当选为联合国妇女地位委员会成员国，连续四次被选为联合国消除对妇女歧视委员会委员。联合国在推动中国妇女发展方面的作用是独特重要和不可替代的，联合国不仅在宏观层面对女性发展做出规划，还通过国际组织研究妇女发展问题，设立项目推动敏感问题和重要问题的国际合作研究，开展妇女参与预算和评估，既从正面积极推动性别平等的政策落实，同时也倒逼国家在一些性别瓶颈问题上做出顺应国际潮流的响应，推动了只靠单个国家很难完成的一些重大问题的解决。“在联合国推动下……促进性别平等的观念逐步纳入各国政府的决策之中，促进妇女事业发展的各种机制应运而生，各国妇女的生存条件、发展权利和社会地位得到不同程度的改善和提高，男女平等在全

球范围内得到了普遍关注和重视。”①

我国妇女在国际交往中的交流和参与既拓展了我国妇女运动的国际视野，借鉴和学习了国际妇女运动的先进经验，也在参与和融合中宣传了我国在保护妇女权益、推进性别平等参与中的巨大成就，提升了我国在国际社会的影响力。尤其是1995年联合国第四次世界妇女大会在北京的成功召开，既是几十年来中国妇女发展成果的总结和展示，也给我国妇女提供了广阔的国际舞台。世妇会带来了新的性别理念以及促进男女平等和提高妇女地位的战略，提高了妇女工作者的理论水平和研究能力，促进了各类妇女组织的迅速发展壮大，使中国妇女运动与世界妇女运动紧密融合。从全球角度和前瞻性的角度明确了未来若干年推动女性参与的目标和努力方向，《北京宣言》和《行动纲领》促进国际社会重视妇女参与，倡导社会性别主流化战略，将性别平等纳入社会发展的主流和中心。为此，我国政府从完善立法、建立机制、制定和实施妇女发展纲要等各方面采取了一系列积极的行动，顺应国际潮流，保障妇女权益，加快推进性别平等和社会和谐发展。

实践证明，联合国在提高女性参与的进程中需要中国的支持与配合，同样，中国的妇女发展需要联合国，妇女的命运从来都是同整个人类社会的进步与发展紧密联系在一起的，中国妇女的发展进程不能脱离世界妇女发展而孤立存在，需要融入整个人类社会发展事业中，成为世界妇女发展的重要组成部分。改革开放以来，中国妇女积极发展同世界各国妇女组织及妇女人士的交往，切实加强中外妇女的友好

① 《胡锦涛在纪念联合国第四次世界妇女大会10周年会议开幕式上发表重要讲话》，2005年8月30日，http：//www.fmprc.gov.cn/ce/cegv/chn/rqrd/speech/t209170.htm。

交流与务实合作，加强高层互访和多边交流，学习和借鉴国际上促进女性平等参与的先进理念与方法。拓展国际项目合作领域，在经济、社会、文化、教育、科技、人口、环境等多个领域的对外交流和合作中都涵盖着妇女发展与性别平等的议题。我们还将充分认识对外交流合作对女性发展的重要意义，更新交流观念，拓展交流渠道，扩大交流领域，完善交流机制，积极参与国际妇女活动，参与全球和区域性妇女事务，推动全球妇女平等参与的健康发展。

第四章　女性公共参与意识培育的现实困境

近一个世纪以来，在中国共产党的领导下，我国的妇女运动蓬勃发展，女性越来越多、越来越全面地参与到社会公共生活中，从自发的参与意识萌发到自我意识觉醒，再到主体意识觉醒和群体意识觉醒，女性的公共参与意识培育已经取得了长足的发展。随着社会转型期的深入，经济全球化、政治多极化和文化多元化的到来，女性公共参与意识培育和发展开始面临许多新情况、新挑战。

第一节　经济转型中的性别歧视

经济参与是公共参与中最主要、最直接的参与活动。经济参与中的性别平等对女性公共参与意识的培育具有直接影响。我国社会主义制度的确立保障了女性的社会地位，改革开放以来的经济社会大繁荣又提供了新的发展机会。1995 年在第四次世界妇女大会通过的《北京宣言》提出了推动性别平等的社会性别主流化的全球战略，指出社会性别的视角要进入经济和社会发展的各个领域以及公共政策制定的每个阶段。2000 年提出的联合国“千年发展目标”（MDGs）进一步把性别问题放在优先考虑的发展目标之中。世界银行也将促进性别平等作为发展的主要目标之一，提出了“性别平等是聪明的经济学”社会性别的行动规划。女性劳动参与率的提高、男女劳动参与率的平等化被认为是一种趋势。但是，性别平等并未在经济领域完全实现，女性的参与仍然面临不平等的对待。市场经济的纵深发展拉大了区域发展差距，经济发展的不平衡决定了不同地区、不同层次女性发展的物质条件不均衡，也造成了女性发展的机会差异，加上目前国家的经济政策还存在许多需要提高的性别平等保障空间，所以也在客观上拉大了劳动力市场上的性别竞争差距，加剧了男女两性在经济参与中的不平等。

农村妇女的经济参与状况一直就不容乐观，近些年随着城镇化进程的推进，社会上又出现了更多损害农村妇女权益的形式。大量具有劳动能力的青壮年，主要是男性加入农民工队伍中，农村成为“386199”人群的聚集地。作为留守人群中的重要劳动力，留守妇女除了承担家庭重担，抚养教育孩子，还独自包揽了农业劳动，生活负担加重的同时经济自主权却受限了。农村妇女经济自主权受到侵犯最为突出、最为普遍的是土地权益。长期以来，法律虽然规定女性享有平等的土地权益，但是由于传统文化从夫居的现实状况，出嫁女或者离异妇女在土地承包、宅基地使用、征地补偿和经营收益方面一直都面临不平等的对待，而土地是农村最主要的生产资料和物质基础，土地权益无法保障，女性的安身立命之所都面临挑战，更谈不上如何发展自身，参与村委管理等公共事务了。这种情况的普遍存在不仅严重影响她们的生产和生活，也有碍农村经济发展和社会和谐稳定。近几年来，新闻媒体上关于农村妇女因失地而引发的社会矛盾和司法案件发生数量逐渐上升，问题的严重性普遍性可见一斑。调查显示，2010年没有土地的农村妇女占21%，高于男性9.1个百分点。[①]

---

① 第三期中国妇女社会地位调查课题组：《第三期中国妇女社会地位调查主要数据报告》，《妇女研究论丛》2011年第6期。

在就业领域，虽然全国人大先后批准签署了联合国《消除对妇女一切形式歧视公约》、国际劳工组织《男女工人同工同酬公约》和《消除就业和职业歧视公约》等国际公约，从倡导平等、提倡关注的角度出发，清除旧有的歧视思想，增强全社会尤其是决策者的性别意识，将性别意识纳入决策主流，也是近年来逐渐形成的一种决策意识，但是由于历史的惯性和偏见，一些决策者往往意识不到决策中的不平等，一些政策在落实中还面临重重阻力，女性仍然面临权利和机会不平等的问题。一是女性就业权面临挑战。就业率就是女性的劳动参与率，是衡量女性社会经济地位的重要指标之一。改革开放以来，我国的经济一直保持持续快速增长，但并未带来女性就业率的增长，女性就业率反而出现了下降的趋势。世界银行的调查数据显示，我国女性的就业率已经从 1990 年的 72.7% 下降到 2013 年的 63.9%。究其原因，市场化的深入打破了国家对就业市场的保护，一些用人单位受传统性别分工意识的影响招聘时重男轻女，怕女性员工因为三期影响工作，也不愿承担生育而带来的保险金负担，于是招聘中或明或暗地有男性喜好，每年的就业季优秀女大学生所面临的就业歧视比比皆是，女大学生和女研究生就业难成为挥之不去的社会问题。即便是在第三产业为主的再就业市场，女性就业仍然比较困难。有数据表明，国企下岗女工普遍感到找工作困难，她们中有 49.7% 的人认为自己再就业时受到年龄和性别歧视，这个比例比下岗男工高 18.9 个百分点。[①] 二是女性就业结构不合理。性别刻板印象导致的性别分工，加之受到家庭、体制和工作家庭冲突的限制，女性的就业结构严重失衡。比较多的女性在薪酬低、发展机会少的行业中，特别是农村进城务工

① 蔡文之：《社会性别与女性人才发展》，《光明日报》2009 年 8 月 20 日。

女性大多从事低技术、低保障、低收入、非正规性的工作，职业隔离现象普遍存在。如表4－1所示，女性主要集中在某些所谓“适合于女性”的工作领域，如图书管理员、秘书、打字员、护士等非管理型、辅助性且收入低的行业。三是女性职业发展空间受限，发展瓶颈多。由于对男女工作能力的社会评价和社会期待不同，女性可能比男性的晋升更难，参与培训的机会更少，经历锻炼的概率也更低，这在公务员系列比较典型，女性领导干部的成长面临更多的“玻璃天花板”，尤其是高层领导中女性能够崭露头角的机会极其有限。这种现状不仅限制了女性自身的发展，也影响了女性参与决策的可能，使女性丧失了更多争取女性权益的话语权，从而使女性在更大更多的领域内与男性拉大了差距。据第三期妇女社会地位调查，2010年城乡在业女性的年均劳动收入分别为男性的67.3%和56.0%；在城乡低收入组中，女性分别占60.8%和65.7%，比男性高21.6个和30.4个百分点。①

表4－1　部分行业城镇女性就业人员比重（2009年）

单位：%

行业	合计	国有单位	城镇集体单位	其他单位
全国合计	37.6	37.3	34.4	37.5
农林牧副渔	36.4	36.6	30.8	33.2
采矿业	19.4	21.2	16.5	18.2
制造业	41.5	31.1	42.6	43.0
电力、燃气及水的生产和供应	29.2	29.4	30.7	28.7
建筑业	13.4	16.5	14.5	12.0
交通运输、仓储和邮政业	27.0	26.5	31.8	27.5

① 第三期中国妇女社会地位调查课题组：《第三期中国妇女社会地位调查主要数据报告》，《妇女研究论丛》2011年第6期。

续表

行业	合计	国有单位	城镇集体单位	其他单位
信息传输、计算机服务和软件业	38.0	37.7	32.4	38.1
批发和零售业	46.0	37.3	40.5	50.8
住宿和餐饮业	54.0	53.5	57.5	53.9
金融业	50.3	47.0	43.0	53.8
房地产业	33.6	33.9	33.1	33.6
租赁和商务服务业	33.6	25.9	31.0	41.8
科学研究、技术服务和地质勘查业	31.4	31.8	32.1	30.0
水利、环境和公共设施管理业	40.9	40.8	48.7	37.6
居民服务和其他服务业	40.8	34.1	41.1	49.0
教育	50.0	49.8	53.9	54.0
卫生、社会保障和社会福利业	59.6	60.0	54.5	61.4
文化教育和娱乐业	42.1	41.1	42.0	47.7
公共管理和社会组织	27.8	27.7	39.6	38.4

资料来源：《中国劳动统计年鉴》，2010。

由于女性承担着人口再生产的重任，抚育照料子女的负担仍普遍重于男性，大大影响了女性在社会生产活动中的参与度。目前，在绝大多数家庭中，女性仍是家务劳动的主要承担者。第三期妇女社会地位的调查数据显示，2010 年城乡妇女每天用在家务劳动上的平均时间分别为 102 分钟和 143 分钟，而城乡男性的平均时间为 43 分钟和 50 分钟。[①] 社会养老和托幼机构的社会化配套服务设施依然不能把承

① 第三期中国妇女社会地位调查课题组：《第三期中国妇女社会地位调查主要数据报告》，《妇女研究论丛》2011 年第 6 期。

担更多家务劳动的女性解放出来。女性所承担的人口再生产劳动的价值和贡献并没有得到社会的普遍承认和相应补偿，反而带来了更多繁重的家务劳动和家庭束缚，限制了其在就业、升职等方面的发展机会，影响了女性在经济、政治、社会各个领域的参与程度。还有男女有别的退休年龄，即男性可以工作到 60 岁退休，而女性只能工作到 55 岁或 50 岁。处级以下女公务员被限制 5 年，女工被限制 10 年，这些不利于女性发展的性别限制和区别对待，都影响到女性的充分就业，限制了女性的发展。

经济发展决定着社会发展和人类自身发展的程度，也决定着妇女发展和社会公共参与程度。经济增长虽然不能自然而然提高妇女参与的规模和水平，但却为女性全面参与公共事务提出了客观要求，提供了物质技术基础。当然，我国目前的经济发展水平和现有科技发展水平有限，致使女性的体力弱势和生理特点成为她们就业、择业的不利因素。因此，生产力的充分发展，机械化、半自动化水平提高了，可以为就业上男女机会均等创造可能的条件，也可以为家务劳动社会化提供更多物质条件，为社会服务事业和包括生育补偿在内的各项社会保障提供物质保证。立足经济发展，给女性创造更多参与社会生产劳动和经济活动的平台和机会，充分发挥女性在经济发展中的作用，最终才能更有效地推动社会发展。

第二节　政治改革中的性别差距

政治参与是对国家和社会公共事务高层次的参与。政治参与意识是公共参与意识中的核心要素，很大程度上决定了公共参与的意愿和程度，是衡量公共参与能力和水平的重要指标。而政治参与中的性别差距更直接影响女性公共参与意识的培育，差距有多大，培育工作就会遭遇多大的困难。

虽然新中国成立之时，我国就在法律上规定“妇女在政治的、经济的、文化教育的、社会的生活各方面，均有与男子平等的权利”，这些年来，为了提高女性的社会地位，党和政府已经采取了一系列措施，建立了一套以宪法为基础，以妇女权益保障法为主体，包括各项与妇女权益相关的法律法规在内的促进男女平等、保证妇女权益的法律体系，增强了女性的公民意识、民主意识、参政意识，激发了女性参与政治生活的热情。关心国家大事，参与管理国家政务，开始成为许多女性的自觉行为。进入 21 世纪，以《中国妇女发展纲要(2001—2010)》为典型，我国对女性发展问题已经有了较为系统的建设框架，把社会性别主流化作为一个战略贯彻到立法和政策中。但是法律政策上的规定并不等于事实上的平等，从女性民主参与的现实来看，女性的参选率、投票质量、政治关注度都低于男性；从权力参与来看，女性参政的比例和人数都偏低，参与决策的程度也比较低，与女性在总人口中所占比例以及她们参与经济社会发展的程度还不相适应，从世界范围来看，与国际社会妇女参政的进展相比也还有相当差距。1995 年第四次世界妇女大会通过的《行动纲领》提出女性在各级权力机构中的比例在 2000 年达到 30% 的目标。此后许多国家议会中女性议员比例大幅度增加，截至 2013 年，妇女在议会中比例超过 30% 的国家增至 30 多个。但是，我国人大女代表的比例长时间在 21% 左右徘徊，虽然 2013 年第十二届全国人大女代表比例提高到 23.4%，但离联合国提出的 30% 目标还有一定差距，在各国议会联盟中的排名也由 1997 年的第 16 位降到 2013 年 7 月 1 日的第 53 位，这显然与我国不断提高的国际地位不相称。另外，根据联合国有关方面的研究，任何一个群体，只有其在决策层中的代表达到 30% 以上的比例，才可能对公共政策产生实际影响力。我国显然达不到这样的比例。决策中女性的缺席一方面容易使女性群体利益被边缘化，另一方面使公共政策偏离性别公正的目标，把女性群体进一步排斥在公共政策的决策之外。

女性参与决策和管理的程度虽在不断提高，但仍然普遍偏低。各领域担任高层领导的女性、各级党政领导机关担任正职领导的女性、在国家权力核心部门担任领导的女性比例较低。即使在女性相对集中的医疗卫生、教育、新闻等行业、部门和单位中，女性担任高层和中层管理者的比例也偏低。在科技领域，女院士等高层人才的比例更低。在农村，妇女还存在参与基层民主政治的广度不够、环境不好、影响力小等问题。如表 4－2、表 4－3、表 4－4 所示，在我国的党政高层决策机构中，女性比例仅在 10% 左右，女性在全国人大代表中的比例在 20% 左右，在全国政协委员中的比例也一直在 20% 以下。如表4－5、表 4－6 所示，在权力机构内部，上至中共中央、全国人大、国务院、全国政协，下至村委会，不但女性担任正职的比例低（约 10%），绝大多数是副职领导，而且在正职领导岗位上的女性比例随着层级的递增而呈比例递减趋势。

表 4－2　中国共产党历届中央委员会委员和候补委员人数及性别构成

单位：人，%

届别及召开年份	人数		性别构成	
	女	男	女	男
第八届（1956）	8	162	4.7	95.3
第九届（1969）	23	256	8.2	91.8
第十届（1973）	41	278	12.9	87.1

续表

届别及召开年份	人数		性别构成	
	女	男	女	男
第十一届(1977)	38	295	11.4	88.6
第十二届(1982)	14	324	4.1	95.9
第十三届(1987)	22	263	7.7	92.3
第十四届(1992)	24	295	7.5	92.5
第十五届(1997)	25	319	7.3	92.7
第十六届(2002)	27	329	7.6	92.4
第十七届(2007)	37	297	11.1	88.9

资料来源：胡光宇《中国：性别与发展》，人民出版社，2013，第 82 页。

表 4－3 第十届、第十一届全国人大代表中的女性人数及比例

	第十届	第十一届	增减变化
代表总人数(人)	2985	2987	2
其中女代表数(人)	604	637	33
女性比例(%)	20.23	21.33	1.09 个百分点
最大值(%)	30.51(北京)	28.57(云南)	
最小值(%)	11.94(吉林)	13.86(河南)	

资料来源：谭琳主编《2006—2007 年：中国性别平等与妇女发展报告》，社会科学文献出版社，2008，第 427 页。

表 4－4 历届全国政协委员人数和性别构成

单位：人，%

届别及召开年份	总数	女性	女性比例
第一届(1954)	198	12	6.06
第二届(1959)	729	83	11.39
第三届(1964)	1071	87	8.12
第四届(1975)	1199	107	8.92
第五届(1978)	1988	293	14.74

续表

届别及召开年份	总数	女性	女性比例
第六届(1983)	2039	281	13.78
第七届(1988)	2083	303	14.55
第八届(1993)	2093	193	9.22
第九届(1998)	2196	341	15.53
第十届(2003)	2238	375	16.76
第十一届(2008)	2237	395	17.70

资料来源：谭琳主编《2006—2007 年：中国性别平等与妇女发展报告》，社会科学文献出版社，2008，第 427 页。

表 4－5　各级领导干部性别构成

单位：%

年份	省(部)级及以上		地(厅)级		县(处)级	
	女	男	女	男	女	男
2000	8.0	92.0	10.8	89.2	15.1	84.9
2001	8.1	91.9	11.0	89.0	15.5	84.5
2002	8.3	91.7	11.7	88.3	16.1	83.9
2005	10.27	89.73	12.93	87.07	—	—
2006	10.39	89.61	13.29	86.71	—	—

资料来源：胡光宇《中国：性别与发展》，人民出版社，2013，第 83 页。

表 4－6　2003—2005 年各级正职领导干部中的女性比例

单位：%

年份	正省部级	正地厅级	正县处级
2003	3.5	10.0	15.1
2004	6.9	10.3	15.3
2005	8.6	10.6	15.7

资料来源：国家统计局社会和科技统计司编《2006 社会的进步（中国篇）》（内部资料），2007 年，第 44 页。

另一个值得注意的状况是，同男性相比，我国女性的政治参与意识较弱。相当多的女性甘愿将更多的精力放在家庭生活中，对政治参与缺乏兴趣，部分有志女性多愿将自己的主要精力投入业务性工作中，而不愿步入仕途。即使进入政治领域，多数女性也会选择在政治参与中安于现状。2001 年第二期中国女性社会地位调查显示，在向政府有关部门反映情况的性别构成中，女性占被调查总数的 7.7%；在给单位、社区或村委会提意见的性别构成中，女性占被调查总数的 15.1%。[①] 2011 年第三期中国女性社会地位调查的资料显示，有 11.2% 的女性参与过各级管理和决策，有 18.3% 的女性主动给所在单位、社区和村提过建议。[②]

笔者 2014 年曾经做过一项关于高校知识女性政治参与意识调查研究[③]，调查主要选取山西省内具有代表性的 7 所高等院校，通过问卷调查和开放式访谈展开。研究发现如下。

第一，相对于一般公民群体而言，高校知识女性具有很高的政治关注度和较高的政治谈论参与度。但是与男性群体相比，较低的参与讨论度说明关心“政治”并不等于真正参与“政治”，知识女性对于政治的关注更多的是一种个体体验，其积极性仅仅停留在心理层面，而对于付诸行为的参与方式表现得比较消极，可以理解为参与意愿不高。

第二，高校知识女性的自我政治能力认知低于男性，性别差异显著。访谈发现，许多知识女性并不怀疑自己的政治能力，但却没有强

---

① 第二期中国妇女社会地位调查课题组：《第二期中国妇女社会地位调查主要数据报告》，《妇女研究论丛》2001 年第 5 期。

② 第三期中国妇女社会地位调查课题组：《第三期中国妇女社会地位调查主要数据报告》，《妇女研究论丛》2011 年第 6 期。

③ 杨霞、郭彩琴：《高校知识女性政治参与意识调查研究——基于山西省 7 所高校的调研》，《天津师范大学学报（社会科学版）》2015 年第 1 期。

烈的政治欲求。她们认为，如果被委以重任，自己也能做得很好，但不会处心积虑去追求政治地位。也有一部分受访者表示，家庭事务太多，还要照料家庭、教育孩子，没有更多精力去谋求政治前途。男性被访谈者，尤其是男性领导，也有相当一部分人认为女性只要有一份稳定的职业，把家庭生活安排好就可以了。可见，即便是知识女性，在她们的潜意识中也会认为，参与政治事务是男性的事情，女性没必要刻意去实现自己的政治才能。访谈比调查数据更加鲜明地告诉笔者，传统的性别分工的刻板印象在高校知识群体中同样盛行。

第三，高校知识女性具有相对较高的政治参与效能感；维权意识不强，但与男性水平相当；女性更倾向于选择非制度性的参与途径，比如，女性对于“通过媒体表达自己的观点”“通过社会组织表达自己的观点”和“加入特定组织或者团体”的选择比例都高于男性。访谈中明显感觉到大家的维权态度比较冷漠，这反映出她们内心不愿意“惹事”的真正原因：“缺乏有效的参与途径”，“说了也没用”，“有时候说了不起好作用，反而被误以为爱惹是非”，即使是“事关自己利益”的事情，也须“能忍则忍”，“大形势就这样，大家认为可以，我也能行”，实在忍无可忍时，再考虑发声。她们普遍感觉到，“单独去找校长，挑战太大了”，“枪打出头鸟，不是什么好事情”，“学校的沟通平台一般情况下是碰到严重影响安定的事件才会处理”，“那些部门不是踢皮球，就是和稀泥，真正从根上研究问题解决问题不大可能”。可见，不容乐观的客观参与环境挫伤了高校教职工政治参与的满意度和效能感。

第四，与男性一样，普遍认同男性在权力参与中的性别优势。数据显示，分别有 85.2% 女性和 85.7% 的男性认为，“在同等条件下，男性比女性更容易在行政职务上获得提升”。男女两性对担任领导职务的思想准备状态比较相似，女性领导“准备充分”的比率甚至略高于男性。可以认为，女性对从政、执政并不比男性胆怯，能跨越“处级”这一提升瓶颈的女性领导对其政治才能的自信心不亚于男性。通过对3位厅级、5位处级女性领导的访谈发现，在考察备选干部时，她们往往会受“男性优先”规则的左右。她们认为，虽然男女的政治能力没有明显差别，但是女性参与政治与男性相比会付出更多。问及女性领导会不会特别地为女性争取利益时，多数受访者表示“肯定会”，但“只是对自己主管的部分会坚持到底，对不归自己主管的事情仅是说说而已，能否落实，另当别论”。尤其是对一些已经确定了的政策规定，比如男女同龄退休的问题，她们普遍没有花太多的精力去考虑。女性领导的这种执政态度，说明高校知识女性在政治参与中或多或少都受到父权制思想的干扰。

虽然高知女性群体自强、自立的形象非常鲜明，但背后也时常透露出对现实的性别不公正的种种无奈，她们的发展空间和向度仍然昭示了“女性能顶半边天”的艰难和不易。高校知识女性较低的自我政治认知能力，说明其政治参与的效能感较低。访谈资料表明，这种较低的效能感主要产生于其较低的政治参与满意度，与当下被污染的政治生态不无关系。女性群体要通过“发声”参与以更好地建构能够促进性别平等发展的政治生态。女性政治参与的一个重要方面就是“从政妇女能否自觉代表女性的整体利益，反映女性正当的合法的需求，并通过努力，对政府的决策发生影响，使女性的利益在政治领域中得到体现”[①]。从某种程度上说，首先女性不是被动地生活在男性的政治权力体系中。同时，女性要更多地参与到政治和公共决策中

① 梁旭光：《民主政治进程与妇女参政》，济南出版社，2003，第175页。

去，以群体利益为中心，才有可能推动全体妇女的解放，也才有个体真正的解放，才能实现个人的全面自由发展。

第三节　文化建设中的性别盲视

"文化是指某一民族或群体代代相传的共享的整体生活方式，是赋予一个社会以特色的，长期凝结和传承下来的思考和行为的方式及结果。具体包括某一集团或群体所带有的价值观念、所遵循的行为规范以及创造物。"[①] 文化是在人类社会发展的历史过程中形成的，性别文化是文化体系中一个重要的组成部分。性别文化指的是基于男女两性社会特征、社会行为和社会关系而形成的价值观念、伦理道德、知识经验、风俗习惯、制度规范等意识形态及其表现。[②] 同其他作为观念的文化形态一样，它是人类社会发展到一定阶段的产物，并随着历史的发展而变迁。性别文化对性别平等和社会和谐的影响直接而深刻，又与社会、政治、经济等因素有着复杂的关系，渗透在物质文化、精神文化、制度文化等各个领域。它以深层的理念和价值观、约定俗成的行为规范，影响着人们的生产生活，对女性公共参与意识的培育和发展影响深远。

先进的性别文化要能公正评价女性在创造人类文明、推动社会发展中的作用，在人类自身生产中的特殊贡献，主张女性与男性具有同等的人格和尊严、同等的权力和地位，提倡男女平等相处，相互尊重，共同进步，协调发展。建设先进的性别文化是促进性别平等和人

---

① 谢晓娟、王东红主编《多学科视角下的思想政治教育研究》，中国书籍出版社，2015，第166页。

② 谭琳：《论先进性别文化的构建》，《南开学报》2007年第2期。

类社会文明进步的重要任务，是社会主义文化建设必不可少的内容，是推进女性公共参与意识培育的孵化器和发动机。

先进性别文化的建构是思想领域中一场除旧布新的斗争，回顾我国先进性别文化的出场路径，是在摒弃重男轻女、男尊女卑的封建性别文化前提下，在实践、质疑、反思新中国成立以来妇女解放运动的基础上，对男女平等内涵的发展与注释。[①]

新中国成立时，中国妇女第一次被赋予了同男性一样的权利，男女平等作为基本国策被写入宪法。妇女在政治、经济、文化教育、家庭和社会生活各个方面均享有与男子平等权利的新文化原则成为中国社会的主要意识形态。“时代不同了，男女都一样”无疑是这种性别文化最具代表性的话语，也真实地反映了当时的社会状况。这样的政治诉求颠覆了“男主外，女主内”的传统性别分工模式以及支持这一模式的文化观念系统，极大地满足了妇女当家作主的精神需求。在这样的背景下，女性走出家门，承担了公领域的社会劳动，然而，男性并未与此相应地走进家门，承担私领域的家务劳动。这从20世纪80年代以后学界对“铁姑娘”现象的反思可以窥见一斑。显然，这种观念完全忽视生理差异，把妇女解放和妇女就业简单地联系在一起，过分强调结果的平等，实际上是用形式上的男女平等掩盖了事实上的不平等，所以是“不公正的”。

改革开放后，受经济转轨和社会转型等种种因素的影响，妇女在资源占有、社会分工、享有发展成果等方面开始面临严峻的挑战，参政、就业、教育以及婚姻家庭等领域的性别不公正问题日益凸显。种

① 杨霞：《性别公正：先进性别文化的价值诉求》，《山西师大学报（社会科学版）》2013年第2期。

种不平衡、不充分、不和谐的现象促使人们进一步反思什么才是真正的妇女解放。尤其是20世纪90年代以来，中国在融入经济全球化的过程中出现了地区、城乡和阶层的分化，社会公正问题再一次被提上日程，实践的质疑迫使人们重新反思性别平等与差异的问题。与此同时，伴随着联合国强调性别平等主流化的进程，社会性别成为妇女研究领域一个标志性概念，并借着1995年世界妇女大会的东风在我国广泛传播。社会性别理论将马克思主义确立的“性别研究当从性别社会属性入手”的方法普及化，将具体化的男性和女性抽象为一般的分析范畴——“性别”，赋予了社会性别分析方法论的价值，也深化了性别的内涵，拓展了性别的外延，客观上承认了男女之外的性别分属。这种认识，与科学技术的发展及其在医学上的应用相互促进，与法律的公正、人权的普及也密切相关。由此，研究者的视野从宏观的政治、经济权利等群体性观照细化到家务劳动、性别分工等微观的个体性层面，研究对象也从单纯抽样女性扩展到所有性别，初步实现了从“女人”到“人”再到“有性的人”的范式转换。这种转换推动了性别文化建设的历史性大发展。

21世纪初，响应党中央建设先进文化的号召，妇女研究界明确提出要实现真正意义上的性别平等，建设“以承认妇女的社会主体地位、承认男女具有同等的人格和尊严为基础，以立足现实，推进性别关系的和谐，推进男女共同全面发展和自由发展为目标，以权力的个性化、选择的多样化和向弱势群体的倾斜为原则，并具有批判性、超前性和挑战传统以及为大众所接受的特点”的先进性别文化。这样的先进性别文化是与现代社会发展相适应的，有利于性别和谐生存与发展的文化，与男尊女卑的、完全强调性别差异的传统性别文化有质的差别，与新中国成立初期激进的、完全忽视性别生理差异的性别文化也有很大的不同，其核心价值诉求是性别公正。它更加强调基于差异的平等，是普遍性公正和差异性平等之间的平衡，可以理解为“一种需要接受基于不可更改的生物属性的自然差异而导致的事实‘不平等’之上的正义价值的评价与规范的制度安排和行动准则”[①]。

必须看到，我国现阶段性别文化建设的基本状况决定了性别公正的时代化、大众化仍有很长的路程要走。

首先，理论层面上多种性别文化理论并存。作为观念形态的文化是根植于社会历史进程的意识反映，“从某种意义上讲，文化，包括性别文化不是建构的，而是综合性的社会历史发展进程的结果”。[②]观念分歧是利益和信仰分歧的书面表达，当下多种性别文化理论并存是我国各种社会思潮在社会性别领域的具体体现。有研究者把当代中国的主要社会思潮分为五种，分别是新马克思主义、新古典、新古典自由主义、自由主义和文化保守主义。性别文化理论总是社会文化理论的衍生品，且进入研究者视野的时间很短，目前尚处于比较初级的百家争鸣的阶段。多种性别理论的并存促使学界在更广泛的领域更充分地探讨性别文化的建构问题，但客观上也分化了推进性别公正的合力。

我们很难把某一种社会思潮与某一类性别文化理论对号入座，只能模糊感知各种性别言论背后的话语立场。大致看来，新马克思主义占据性别文化的主流话语。新马克思主义认为，中国社会主义发展需要有中国自己的理论体系，要在“马学为体，西学为用，国学为根”这三大知识体系的基础上，以“世情为鉴，国情为据，党情为要”，进

① 李兰芬主编《女性发展与城市性格》，黑龙江人民出版社，2010，第67页。

② 陈慧平：《先进性别文化构建的哲学思考》，《山西师大学报（社会科学版）》2009年第5期。

行“综合创新”。建设中国特色社会主义性别文化的提出彰显了新马克思主义的巨大影响力。我国的社会主义性质决定了马克思主义性别理论以及与此相适应的性别文化占据主导地位，这种性别文化理论目前尚不成熟、不完善。几千年传统性别文化的影响根深蒂固，并已经发展成为一种具有强大生命力和文化特征的心理习惯和习俗，加上中国妇女运动之自上而下“被解放”的特质，父权制性别文化的基础性影响作用仍是客观存在的，并有可能在可预见的未来继续发挥不小的作用。

西方女权主义思想是性别文化建设的一个重要的理论资源，但这一思潮并非铁板一块，从世纪之交开始，自由主义女权主义、马克思主义女权主义、社会主义女权主义、激进女权主义、精神分析女权主义、社会性别女权主义、存在女权主义、后现代女权主义、后殖民女权主义、黑人女权主义、第三世界女权主义、多元文化女权主义、全球女权主义、生态女权主义等名目繁多的思想和流派，共时性地冲击了中国性别研究的视野，虽然它们目标一致地将父权制和男性中心文化作为“靶子”集中扫射，但相互之间在探讨妇女受压迫根源上有分歧，对妇女解放路径也有不同的选择，所以它们在为中国性别理论发展注入活力的同时，也引发了理论研究者新的困惑和迷茫。加上我国性别研究者内部基于各自的学科背景和个体差异所存在的理论上的分歧，使先进性别文化的建设也面临种种挑战。因此，具有中国特色的先进性别文化的建设，需要在批判、交锋、对话、融合之后的历史进程中才能实现。

其次，大众文化尚未形成合力。大众文化作为检验性别文化进步性的最终标准是一个很复杂的系统。在意识形态领域我国已经建立了比较普遍的符合性别公正的大众文化体系，但封建文化的残余和资本主义腐朽性别文化成分还依然存在，对先进性别文化的建设与发展形成了极大干扰。

从传播内容上来看，大众传媒中存在不同程度的性别不公正的现象。电视和网络广告中妇女被“物化”和“商品化”的情况屡见不鲜。文学艺术作品以具体的文本及所塑造的人物不时也体现着对不公正性别关系的默许，甚至认可和张扬。笔者曾经对女性期刊的社会性别意识进行过分析，发现当代女性主体性的缺失和两性关系的不平等仍是不容回避的客观现实，社会性别意识是一种“在场的缺失”。[①] 第三期妇女社会地位调查结果也显示，目前不利于妇女发展和性别平等的观念及性别歧视现象仍一定程度存在，对传统性别分工模式和性别不平等观念的认同甚至有一定程度的回升[②]。

新媒体的兴起和发展给女性话语权的提升带来了新的契机，女性有了更多的机会参与媒介建构，据微博用户数量最多的新浪微博发布的调查报告，2015 年 9 月底，微博活跃用户中男女性别比例均衡，各占 50%。[③] 那么，女性在新媒体中的形象是否因此发生改观，是否真正掌握了媒介话语权呢？笔者曾以清博大数据舆情系统的监测数据为例进行了调查研究，[④] 研究选取 2017 年 5 月 24 日到 2017 年 6 月 21 日时段内的监测数据，分别以“女性”和“男性”为监测词进行数据采集，结果显示涉及男性话题的文章有 5250 篇，涉及女性话题的有 5703 篇。监测数据结论如下。

第一，女性成为新媒体性别传播的主体。以自媒体为例，从微博

---

① 杨霞：《女性期刊的社会性别意识管窥》，《出版发行研究》2010 年第 9 期。

② 第三期中国妇女社会地位调查课题组：《第三期中国妇女社会地位调查主要数据报告》，《妇女研究论丛》2011 年第 6 期。

③ 新浪微博数据中心：《2015 微博用户发展报告》，http：//data. weibo. com/report/reportDetail? id = 304。

④ 杨霞：《新媒体视域下的女性形象呈现与话语建构》，《现代传播》2017 年第 9 期。

账号性别构成来看，关注女性话题的账号注册性别比例为女57.47%，男42.47%，未知0.06%。关注男性话题的为女49.13%，男50.57%，未知0.12%，表明在关于男性/女性话题的讨论中，女性占据了一半，甚至六成的关注热度，这种自觉发声的状态既是女性主动建构其媒体形象的表征，也是女性掌握话语主导权的体现。新媒体的交互性、即时性打破了女性在传统媒体中集体“失语”的状态，使女性获得了前作未有的话语权，拥有了自主发声的机会和平台，成为新媒体性别传播的主体。

第二，女性议题多元呈现。按文章议题分类统计显示，涉及女性话题的文章中，医疗健康、其他、政治、娱乐和旅游文化占据前5位，占文章总量的百分比分别为25%、15%、13%、10%、9%；涉及男性话题的文章中，医疗健康、教育、政治、娱乐和旅游文化占据前5位，占文章总量的百分比分别为41%、13%、9%、8%、5%。总体来看，同期关于女性的文章总量略多于男性，医疗健康的话题明显高于其他领域的话题，涉及男性医疗健康的文章数高达四成，女性政治话题的文章数略高于男性，两性在娱乐和旅游文化方面的话题相当。

我们通常按照媒体用户发表内容的不同，分为公共领域和私人领域，公共领域一般包括政治、经济、科技、教育等，私人领域包括家庭、情感、生活（包含服饰美容、照片分享）等。[①] 清博大数据的议题分析结果显示，与传统媒体议题内容的“男主外，女主内”完全不同，有关女性的议题不再局限于美容、消费、情爱等私人领域，女性同样关心政治、科技、环境、军事等公共领域，同时，男性也和女

① 江澄：《微博中女性话语权表达的现状与展望——以新浪微博“名人影响力”为例》，《东南传播》2013年第7期。

性一样关注娱乐和旅游文化等生活类议题，而关于男性健康的讨论要远远多于女性。新媒体向受众展现了较为真实的两性图景，男女两性作为“人”的各种需求在新媒体中都有所反映。在去中心化的环境中，没有了“把关人”和议程设置，有关女性的议题更加丰富，内容更加多元，对女性形象的呈现更加全面、真实和丰满。

从热点词云分布来看，如图 4－1 和图 4－2 所示，关于女性的热点词主要有中国、社会、公司、企业、国家、市场、经济、政府、家庭、孩子等，关于男性的热点词主要有文化、中国、男性、地理、美学、偶像、英雄、传统、娘娘腔、全球、主流等。清博大数据为此提供的情感属性数据比较模糊，解释力比较有限。目测两类热点词均以名词和中性词居多，描述性为主，可以由此看出此时段新媒体中的热点聚焦，两相对比，女性和男性的关注热点似乎都弥散性地广泛分布，不似传统媒体中那般把女人要么神化，要么物化，或者把男人政治化。热点词云不具明显的性别区分度，至少反映出现实中两性关注方面较为真实的存在样态。

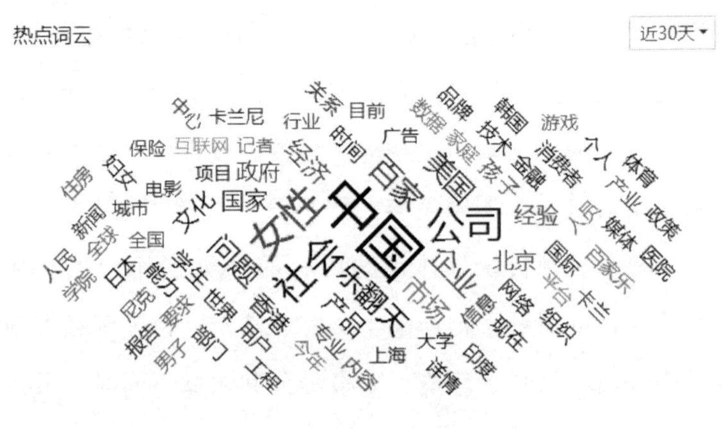

图 4－1　关于女性的热点词云

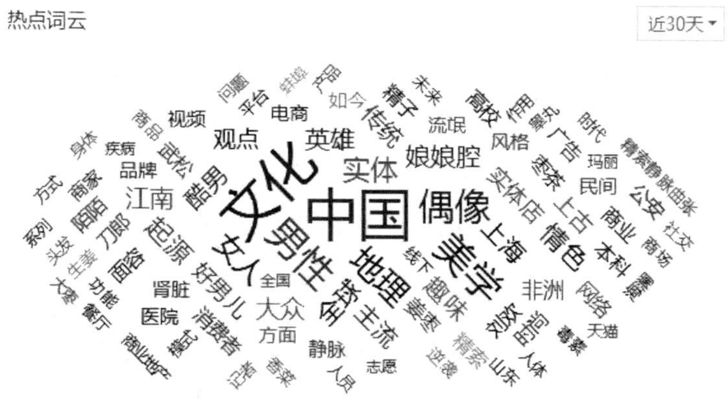

图 4－2　关于男性的热点词云

第三，新媒体基本沿袭传统媒体的话语风格。从活跃媒体统计来看，关于男性话题的微信公众号排名最靠前的依次是导购达人莎莎和合肥、哈尔滨、深圳等 7 家男科医院；微博排名前几位的分别是女权主义贴吧、医院、就业性别歧视监察大队；网页排名靠前的是家庭医生在线和健康族网。关于女性话题的微信公众号排名最靠前的依次是备孕那点儿事、华涛绿丝带健康平台、跟我甩掉小肚子、合肥喜得儿和美容美发；微博排名靠前的是妇幼卫士、我关注她生活——女性民生调查、军魂游天下；网页排名前几位的依次是凤凰网、网易、人民网。大数据显示，活跃媒体几乎不约而同地指向了生殖健康，男科医院和女性备孕的公众号都高于其他公众号。

通过深入分析这些文章的情感属性和内容，我们发现，如果按照热度降序来看，负面的文章居多，论述方式仍以吸引眼球为第一标准，所以，在这个意义上讲，新媒体虽然建构了新的两性关系主体，依照其固有的媒介特质完成了对女性“新”的多元形象的建构，但是并未以女性自己的声音来表达自己特有的体悟和心理图式。比如，美容美发原本是“爱美之心人皆有之”的天然需求，但其叙述方式传递给受众的信息却是：美女是物化的形象符号，是因为要“被看”，所以需要更美。而同样是男性商品的导购公众号，其叙述逻辑则是美的外表会让男性更加自信，更有个性之美。诸如此类，深层的逻辑还是以男性为坐标，女性是“第二性”，即女性为了迎合男性的审美和心理需求来塑造自己的形象。在这样的言说中，女性并未直面其自身天然的身体需求和性别意识，而只是通过众生喧哗的言说隐蔽地充当了男性的欲望客体，传统的性别文化和性别秩序在新媒体中被沿袭，只是换了一副面纱而已。

作为传统性别文化的载体，传统媒体把女性置于“被看”的位置上，其呈现的女性形象多是变形的、被压抑的。传统媒体的“把关人”把信息传播和意识形态建构作为媒体最重要的社会责任，议程设置看起来涵盖公私领域，但实际上更多是用男性的眼光来看各个空间场域中的女人，在文化与商业的共谋中，女性常常处于一种在场的缺席。新媒体是“利用数字技术和相关的先进信息技术所实现的开放性、可靠可信、具备人性化特征的‘所有人对所有人’的信息传播途径”[①]，它不同于以往的传统媒体，没有特定的受众群体，也没有规范性的信息要求，颠覆了传统媒体的叙事模态，建构了多元的女性形象，也影响了话语建构方式。正如麦奎尔所说过：“从破坏社会控制支配体系的能力来看，几乎所有的公共传播媒介都具有激进的潜在力量。它们能够提供获得针对现有秩序的新的思想和观念的途径。”[②] 在新媒体中，女性获得了与以往不同的形象表征和话语建构。

---

① 《传媒沙龙：媒体概念之我见》，《中国传媒科技》2009 年第 1 期。

② 〔英〕丹尼斯·麦奎尔：《麦奎尔大众传播理论》（第四版），崔保国、李琨译，清华大学出版社，2006，第 34 页

另外，由于受父权制文化的影响根深蒂固，男性意识仍是整个社会文化的主流思维模式，因此，我们必须看到，新媒体虽然具有成为性别平等的传播平台的潜力，但其话语建构依然沿袭着传统的话语风格，一时还很难确立真正体现性别公正的言说方式。对此，我们应该保持理性的警觉。

女性媒介形象的改观和媒介话语的建构是一个长期的过程，不仅需要社会性别平等观念的提升、女性主体意识的觉醒，而且需要公民媒介素养的提高、媒介监测机制的完善。具体来说，社会观念的普遍提升是女性自主意识觉醒的土壤，社会实践的发展又是社会观念提升的现实基础。在大众传播领域，既要通过广泛的对话和宣传形塑性别平等的社会意识，又要用男女平等的社会实践向受众诠释性别平等之普遍共识，形成平等参与的舆论场，激发女性的主体性，促使女性自我塑造、自我提升、自我表达，以更有存在感的积极姿态主动参与公共话语的建构。媒介素养的水平直接决定了大众传播的品位和效果，全面提升媒介素养，必须加强对制媒者的社会性别意识教育，树立媒体“把关人”的社会性别意识，改变传统的男性话语本位“惯习”，扭转性别话语的传统议程设置，同时建立全方位的网络媒介监测机制，形成强大而广泛的舆论监测网络，完善和推广妇女媒体网络监测评估制度，推动女性话语的建构。当然建构平等和谐的女性话语体系，根本上需要依靠先进性别文化的生成，需要全社会的共同参与。

从建构主体来看，既存在男性与女性的分化，也存在专家与平民、学院和乡村的分层。在我国妇女解放的历程中，男性不仅始终是妇女运动的合作者和同盟军，更是妇女解放运动的主要指导者和领导者。值得警醒的是，很多男性学者对女性的看法是以父权制文化为基础的。曾有学者“把男性的文字资料和在五四新文化时期成长的新女性的口述材料做了比较研究后，发现在男性的妇女解放话语中，新女性常常是被想象为推动中国社会现代化的载体”[①]。女性群体内部也并非铁板一块，作为专家的知识女性在性别知识的建构中掌握着话语权。有研究者把知识女性在性别知识建构中的作用总结为如下三个方面：记录、总结有关妇女的经验；阐释、总结有关妇女的理论；传播、实践有关性别的知识。[②] 而作为平民的草根女性处于弱势的地位，某种程度上，她们的性别话语不能达到理论的高度，但往往是自发产生的，具有真实性、经验性和具体性的特点。目前妇女研究者建构的性别理论有时是对平民话语片面的概括和升华，存在与草根女性生活实际断裂的情况，不仅不利于草根女性在当前条件下有所顺从、有所超越地走向性别和谐，甚至有“歧路亡羊”的危险。另外，广大草根女性的性别主体意识尚处于启蒙阶段，对性别公正的理解始终停留在差异和绝对平等的两极，因此也时常出现主体思想意识与行为模式之间的矛盾，在理想和现实的纠结中摇摆不定。

第四节　社会保障中的女性缺失

社会保障作为国家的福利制度，是对社会公共资源的分配和再分配，性别与阶层、族裔一样都是这种资源分配的重要构成性因素之一。[③] 一方面，性别关系（性别分工、女性气质与母性）深刻地塑造了社会保障的特征；另一方面，社会服务体系（给付制度、国家补助和公共服务等）又以不同的方式影响着性别关系。性别中立的社

① 李小江等：《女性？主义——文化冲突与身份认同》，江苏人民出版社，2000，第225页。
② 畅引婷：《当代中国的妇女研究与性别知识建构》，《学术月刊》2011年第9期。
③ 金一虹、保剑：《多学科视野下的女性社会保障研究》，中山大学出版社，2011，第8页。

会保障制度把福利对象指向所有的人群，忽视了弱势群体的福利需求，势必会对她们造成不公正的社会政策。具体到性别维度来看，由于经济参与和政治参与的不平衡、资源配置中的性别差异、性别分工的差异、产业和职业的性别隔离、男女对有薪酬和无薪酬劳动的不同承担、工资收入的性别差异以及女性对人类再生产的职责承担，女性的风险承担和福利需求与男性是不同的。事实上，在福利国家，女性是国家的主要保障对象。正如威尔逊所指出的："只有在对女性在现代社会中的位置有一个正确认识的基础上所进行的福利国家分析，才能揭示出现代福利主义的全部内涵。"① 女性社会保障不仅影响到女性自身的利益，而且关乎儿童和家庭保障，关乎社会和谐程度。如果女性不能从公正的社会保障中平等地分享社会发展所带来的福利增益，不能享有因为人类再生产而产生的生命风险保障、职业发展保障，女性就无法改变在家庭中的依附地位，无法在经济参与中自强、自立，也就没有机会获得政治领域中的参与机会。因此，公平公正的社会参与是女性的公共参与意识健康发展的保障性条件，对女性公共参与意识培育影响重大。

伴随着我国的改革开放和社会转型，女性群体内不断分化，出现了许多具有个体差异的新问题，但是社会公共政策的性别盲视、家庭资源分配的性别失衡、社会资本的缺失和权力资本的匮乏又成为女性问题难以破解的制度性原因。对于城镇和农村的下岗失业女性、残疾或患病女性、贫困的单身母亲、无经济来源或经济来源极其有限的老年女性等是需要扶贫的对象。社保是人民生存和发展的依托，完善和

① 转引自金一虹、保剑《多学科视野下的女性社会保障研究》，中山大学出版社，2011，第9页。

健全养老、住房、失业等社会保障机制，落实城镇居民最低生活保障，加大对困难群众的救助力度，建立多层次、权利与义务相对应的社会保障体系，使人民群众老有所养、居有其所、病有所医等是政府责无旁贷的职责。然而，我国的养老金制度、劳动保障政策中的性别意识缺失，呈现出限制女性发展、有损女性利益的性别不公平现象。2000 年第二期全国妇女社会地位调查数据显示，就非农单位就业者而言，基本保险享有率在全社会是较高的，但在基本社会保障覆盖率方面却存在显著性别差异。除了产/孕假保健工资，女性各项社会保险享有率都低于男性，男女两性就业者保障差值特别表现在工伤保险和医疗、养老保险和住房补贴等方面。城镇男性就业者现有的保险是女性的 1.4 倍。[①]

养老保障问题的性别不公平主要体现在男女退休年龄的不同从而导致养老金发放的性别不公平。由于女性相对于男性普遍较短的工作年限以及由此而产生的较低的最低工资，女性退休早，造成缴纳养老费用时间短、水平低，账户积累少。在现行的养老金制度下，必然使女性老年人口从养老金体系中获得的收入低于男性，从而造成女性老年人口处在一个相对贫困的状态。正如世界银行 2000 年《在发展中促进社会性别意识（摘要）》中所指出的："老龄安全项目由于没有考虑到就业、收入和寿命方面的社会性别差异而保险，使妇女——特别是孀妇在年老时更易遭受贫困的打击。"[②]

在劳动保障方面，《中华人民共和国宪法》《劳动法》《劳动合同法》《就业促进法》等一些法律法规对女性在劳动中合法权益的保护

---

① 蒋永萍主编《社会转型中的中国妇女社会地位》，中国妇女出版社，2006，第 193 页。

② 世界银行、全国妇联妇女研究所：《在发展中促进社会性别意识（摘要）》（中文版，未公开刊行），2001，第 24 页。

都做出了明确的规定，然而，这些法规在实施过程中却被大打折扣。全国妇联妇女研究所2000年底社会地位调查的结果显示，男性在业人员失业保障覆盖率高出女性6个百分点。[①] 这说明即便带有强制性的上“三险”，女性在业人员的失业保险依然没有得到应有的保障。另外，尽管法律对女性职工在“三期”期间等特殊方面的保护做了相关规定，但是很多企业以各种名目为由，降低女性的工资，辞退女性，实质是对女性劳动与社会保障权益的剥夺。

在公共卫生医疗服务方面，女性不同于男性的生理特征以及在生育过程中承担的角色，使女性面临着比男性更多的健康威胁。比如，女性医疗特别是与性、生殖有关的信息及服务的可及性较低，很难得到有效的避孕服务；怀孕女性因不安全流产而面临健康和生命的双重危险，等等，这些健康领域的性别不公平现象在我国农村尤为突出，不利于两性的和谐发展。

在维护社会稳定方面，针对女性的违法犯罪活动严重影响女性的生存与发展，女性在家庭和社会生活中的弱势地位也使女性更容易成为被侵害的对象，由于男性生理特征和社会传统期望是男性具有更多攻击性、冒险性，性道德约束感不够强，具有更强的性冲动。然而目前我国对性骚扰侵害对象的保护不够，关于性骚扰的法律规定存在盲点，性骚扰受害人的合法权益在现行法律下很难得到全面维护。家庭中对女性的暴力也普遍存在，拐卖女童和女性也是我国存在的以女性为目标对象的主要犯罪活动。

在科技创新领域，女性高科技人才已经发展成为一支不可忽视的重要力量，但是她们仍然面临着传统文化的障碍及科学技术飞速发展

① 蒋永萍主编《社会转型中的中国妇女社会地位》，中国妇女出版社，2006，第183页。

和社会变革所带来的巨大挑战。例如，与男性相比，女性科技人员大多处于职称、职务较低的位置；在获取科研项目和对科研成果进行评价时，经常处于不利的地位；个人职业生涯的晋升缓慢。据2000年的一项调查，在科研能力发挥程度方面，有40.4%的女性科技人员认为自己能力只发挥了50%，有12.6%的女性科技人员认为自己只发挥了25%，还有8.9%的女性认为自己的能力根本没有得到发挥，而女性科技人员的职称不满意度高达52.3%。[①] 女性科技人才所从事的学科分布也不平衡，尤其是在一些基础学科和工程学科少有女性涉足。根据中国科学院科技政策研究所在2007年2月所发布的《女性从事科技工作状况调研报告》数据[②]：目前，中国科学院和工程院女院士有36人，只占总院士的5%。在国家重点科技计划中的核心层，女性比例更低，在“973计划”所聘的175名首席科学家中，女性只占总人数的4.6%。在“863计划”所聘请的专家组中无女性科学家；在获取财政支持的科技项目申报中，无论是项目数量还是获取的金额数字，女性高科技人员的人均水平不到男性科技人员的一半。另外，女性科学家在处理家庭和工作事业的关系上仍然面临很大的挑战。据国家科委人才资源研究所的调查：3/4的被调查女性科技人员希望能够兼顾家庭和事业，但大多数人是顾此失彼，心力交瘁。原中科院院士路甬祥曾在“妇女与科技”国际研讨会上指出：人类必须解决这个问题——为妇女参与科技提供平等的机会，改变妇女在科技领域比较弱势的地位，提高妇女对科技问题的发言权，发挥其在科技发展中的作用，无疑是人类社会实现男女平等的

① 林聚任：《论中国科学的性别分化与性别隔离》，《科学学研究》2000年第1期。

② 张丽琍、侯典牧：《杰出女性成长规律研究》，北京师范大学出版社，2014，第2页。

紧迫要求和战略任务。

毋庸置疑，女性在被国家塑造的过程中同时也在担负着改造国家与建设国家的重任。这就要求国家从女性利益出发，在政策出台和制度安排上将“弱势”的妇女群体作为“优先”关照的对象而适度倾斜，以便实现妇女利益与国家利益的最大化，建构女性全面参与的保障系统。

第五节　生态文明中的性别盲点

生态文明建设是社会主义和谐社会建设的基础，党的十八大把生态文明建设摆到五位一体的高度，迫切要求建设良好的自然生态和社会生态。生态文明的根基是社会、经济、环境三者交融的可持续发展，将社会性别与生态文明勾连起来将有助于从这三个维度更好地解读和促进生态文明建设。早在 1987 年，联合国世界环境与发展委员会发布的《我们共同的未来》报告就率先提出了“可持续发展”的概念，由此可持续发展理念成为国际社会和各国政府的基本共识。进入 20 世纪 90 年代后，环境和社会性别这两个长期被忽视的发展问题几乎同时被提上了国际发展议程。作为生态问题的主体和中心的人类由男女两性共同组成，联合国环境与发展大会 1992 年通过的《21 世纪议程》提出了从全球到地方各级实现可持续发展的蓝图和制度框架，该议程有 18 处提到社会性别，有 252 处提到妇女，并在第 24 章“为妇女谋求可持续和公平发展的全球行动”中系统阐释了妇女与可持续发展的关系。[1] 可见，社会性别是影响生态文明的一个重要变

① 胡玉坤：《社会性别与生态文明》，社会科学文献出版社，2013，自序。

量，也是观察生态文明的一个独特视角，女性在生态文明中的参与程度决定着生态文明建设的进程。

我国政府几乎与国际社会同步将“可持续发展”理念转化为中国特色的环境政策和话语。1995 年第四次世界妇女大会在北京召开之后，我国越来越多的妇女组织将环境与可持续发展的议题纳入自己的优先关注目标之列。在全国妇联的带动下，各种环境宣传教育和倡导活动层出不穷，高潮迭起；有关环境的调查、研究及培训活动不断拓展，层级提升；环境领域的国际交流与合作亦日益频繁，方兴未艾的妇女环境运动在完善网络、推动政府、动员妇女、提高环境意识及传播知识等方面填补了政府力量所不及的空缺，发挥了令人瞩目的作用。但是迄今，环境与发展方面的决策通常还带着社会性别“盲点”或偏见，漠视或贬低女性的相关知识、需求和权利的现象一直存在，女性的特殊诉求和参与效能都受到了不同程度的忽视和限制。比如，无论是全国人大常委会通过的《关于积极应对气候变化的决议》，发改委负责编制的《中国应对气候变化国家方案》，还是国务院 2008 年和 2011 年发布的两个《中国应对气候变化的政策和行动》白皮书，都未见到明确的具有社会性别意识的行动要求。

事实上，女性作为家庭领域内的生产者、生育者、消费者及其照料者等多重角色，她们不仅要更多承担起提供并管理食物、饮水、燃柴等生活必需品的职责，还要更多负责家庭、社区保健和环境卫生。她们使用和管理土地、水、林木等环境资源的机会可能更多，也更有别于男性。但是由于无所不在且根深蒂固的性别偏见和歧视，女性和男性拥有和控制环境资源的权力与责任常常是明显失衡的。环境资源的耗竭、生态环境的退化往往同各种社会不平等、贫困、性别歧视及政策制度不健全交织在一起，致使一些边缘化妇女难以平等地参与发展进程并公平地受惠于社会与经济发展，有的还会不同程度地承担环境污染、土地退化、森林砍伐、生物多样性及气候变化等生态危机的负担和代价。另外，环境治理中的一些举措，比如小流域治理、退耕还林、水土保持、防沙治沙以及应对气候变化方面的环境政策或生态项目都不是性别中立的，由于地区发展不平衡，性别角色不一样，社会分工不同，这些举措有可能给不同地区不同社会地位的城乡两性带来迥然有别的影响。而由于女性在决策管理层面的弱势，一些对女性造成负面影响的决策可能就大量地变为侵害女性权益的社会现实。比如，农业、减灾、卫生及水资源等各个气候敏感部门的各级决策者和一般工作人员尚未意识到妇女在减缓和适应气候变化中的作用、贡献和潜力，因为也没有为她们应对气候的挑战提供保护和支持。由于缺乏有效的执行和监督机制，既有政策规定在地方层面常常得不到落实或者难以执行到位。政策立法措施同保障和尊重妇女权利的现实之间也一直存在巨大落差。很显然，目前女性在生态文明建设中的充分参与仍然面临严峻的挑战。

第五章　女性公共参与意识培育的破解路径

随着社会转型期的深入，经济全球化、政治多极化和文化多元化的到来，女性公共参与意识培育和发展面临许多新情况、新挑战。要把这些新情况、新挑战转化成新机遇，就需要审时度势，开拓创新，与时俱进，探索破解现实困境的新路径。

第一节　制度正义：民主参与的保障

国家制度是保障公民参与的重要政治力量，国家对公民参与意识的塑造体现的不仅是一种能量，更是一种威权。国家通过确立政治制度、制定法律法规把公民的平等、有序参与上升为国家意志，凝结、整合社会各方力量保障政策落地，比思想培育具有更强大的说服力和影响力。国家作为妇女生存与发展的空间场域，同时是妇女民族身份的重要表征。如果说个体妇女的解放很大程度上依赖于妇女自身的觉醒，那么妇女大众的解放，尤其是劳动妇女的觉醒和解放则依赖于社会制度的变革和现实政策的改变。[①] 回溯历史，无论是辛亥革命后被国家遗忘的女性奋争，还是新中国赋予我国女性“男女都一样”的

① 畅引婷、杨霞：《在个人与政治之间——邓颖超的革命经历与女性主体意识建构》，《妇女研究论丛》2016 年第 2 期。

政治、经济参与权，还是改革开放以来女性在市场经济大潮中的起落沉浮，无不体现着国家对女性公共参与意识巨大的形塑作用。

一　确立将性别意识纳入决策主流的价值导向

国家的制度建设要通过建立公正的标准和规范并确保其公平实施来保障各项目标的实现。理念是行动的指南针，要确立公正的依据，即把社会性别意识纳入决策的主流，确立性别公正的理念。这里的性别公正不只是强调为了女性，同时也是为了男性及所有性别，是性别和谐的题中应有之义。也就是我们在制定国家政策时充分考虑到性别因素，把性别同民族、地区、年龄等作为同一维度的指标来考量，把性别因素作为基本的评测尺度。

以平等的态度和视角对待两性群体，消除歧视，力求制度建设为所有社会成员包括女性提供公平的参与机会和发展可能。“公共政策的制定和实施，不仅影响着一个国家的未来走向和历史行程，而且关涉到男女两性的教育、就业、受益、分配和社会参与程度等，甚至会决定几代男女的命运和发展道路。”① 对比国家目前已出台的三部《中国妇女发展纲要》对中国妇女发展总目标的表述，清晰地看出其从笼统宏观到微观具体，从以政府为主导到以妇女为主体，从强调参与与赋权到强调权利平等、机会平等、结果平等三位一体，从理论指导到政策落实再到注重现实性等特点。1995—2000 年纲要是首个关于妇女发展的规划纲要，具有开创性的意义。因而它提出的总目标是妇女的整体素质有明显提高，在全面参与经济建设和社会发展、参与国家和社会事务管理的过程中，使法律赋予妇女在政治、经

① 李慧英主编《社会性别与公共政策》，当代中国出版社，2002，第 19 页。

济、文化、社会及家庭生活中的平等权利进一步得到落实。《中国妇女发展纲要（2001—2010 年）》具体地提出中国妇女的权利包括平等的经济权、政治权、受教育权、健康权、法律权等。这部纲要提出“优化妇女发展的社会环境和生态环境，提高妇女生活质量，促进妇女事业的持续发展”，将妇女发展的视野进一步扩展，不再局限于政府和妇女自身，而是延伸至社会环境和生态环境。它在肯定妇女自身发展重要性的同时，强调社会环境和生态环境的必要性。《中国妇女发展纲要（2011—2020 年）》针对妇女发展中的健康、教育、经济、决策和管理、社会保障、环境、法律七个领域，设置了未来 10 年的 57 项主要目标，提出了 88 条策略措施。这些目标和策略措施的提出开启了我国保障妇女人权、促进妇女发展的一个新的历史起点。

尊重两性在社会公共领域的平等权利，也就是说，在社会公共领域赋予男女同等的权利，比如参政权、受教育权、财产继承权、土地占有权等。我们不难想象，当决策层面的女性参与比例极低，且不具有主要话语权时，能充分考虑到女性权益的概率恐怕也不高。这里有一个逻辑，就是即便所有的男性决策者都具有性别平等的意识和情怀，但是无论如何也难有女性独特的切身体验，因为这种因自然生理而带来的体验是无法想象和替代的，而因为无法体验和感知，可能凭借“我觉得”“我认为”做出一些貌似公正、实则无法切合女性的切身权益，甚至事与愿违的决策，难免会在一定程度上阻碍社会发展，当然也包括男性的和谐发展。为此，尊重女性的政治参与权利，尤其是保障女性参与决策的权力具有重要的建设性意义。对女性参政的研究是最早关注的焦点之一，至今都还是热点之一，无论是“天花板理论”，还是“迷宫理论”都是对大时代中女性参与的有益探索，但是现实的改观仍需要更多的努力，女性权力参与结构中的

“三多三少”（副职多，正职少；底层职位多，高层官员少；岗位较之过去多，但重要岗位较少）现象还是普遍存在，一些重要岗位固化在男性身上，一些职务被贴上性别标签很难突破。所以，从源头上保障女性参与决策的机会，切实改观决策层，尤其是高层领导中女性领导严重缺位的状况，必将有助于改观制度建设中的性别公正性，有助于真正将性别意识纳入决策主流。

尊重两性自然的生理差异。自然的生理差异是客观的，不可改变的。我们所倡导的性别公正是在尊重自然生理差异前提下的补偿性原则，这既不同于父权制文化下的性别分工，也不同于新中国成立初期完全忽视性别差异的“男女都一样”。近年来，在一系列法律法规的制定包括修订中，我们一直在规避以生理差异为由而产生的“保护不当”或“过度保护”。以保护的名义应是在基本人权框架下的性别公正，而不是出于保护的考量限制了因性别因素带来的某些权利和机会。比如，前两年修订的《女职工劳动保护特别规定》在广泛征集社会各界意见时，有代表提出随着社会生产力水平的提高、生产条件的改善，应当对原来的劳动禁忌做出动态管理，降低紧急门槛，避免企业以保护的名义剥夺女性从事某些行业的权利，造成就业中的性别歧视和性别隔离，同时强调用人单位不能因为女性生育问题及其相应的生育保险和福利付出而不录用女性。另外，男女不同龄退休的问题也应更多考虑本人意愿、身体状况和能力大小，而不是单纯用性别因素“一刀切”。凡此种种，都对女性“想不想参与”“要不要参与”“能不能参与”产生了革命性的影响，女性群体从这些铁的事实能否获得参与的认同和效能感，直接决定了她们能否以应有的热情来主动参与。

尊重两性在家庭中的平等地位。这关系到制度公正的系统性。系统论的观点认为，构成系统的关键不是其组成的物质，而是组成部分的相互作用或部分之间的关系。[①] 具体到平等参与发展的问题，就是要突破仅仅把改善女性的参与状况视为妇女问题的观念，强调把女性问题的视角从女性角度扩张到社会生活中的两性以及影响两性关系的社会属性方面。在妇女解放的历史进程中，我们无论如何都不能不正视这样一种现实，即生育和养育孩子的劳动大多由家庭中的妇女来承担，有研究者将其概括为“私人化、女性化和无酬化”[②]，恩格斯在《家庭、私有制和国家的起源》就形象地说过，如果家务劳动失去公共性质，变成一种私人服务，丈夫就占据了一种特别的统治地位，无疑女性被承担绝大部分无酬化的家务劳动的后果，往往固化了其“主内”的角色，同时也削弱了女性在公共领域的参与意识和参与能力。近几年来，研究界一直在关注女性平衡工作和家庭矛盾的问题，这也是强化女性公共参与意识的重要议题之一。考虑女性发展的参与，有必要在制度建设中颠覆传统的性别分工，倡导男性主动承担一定的家务劳动，或者大力推动家务劳动社会化的配套改革，尤其是全面二孩时代，要用配套的社会保障措施保证女性不被更多人口的再生产劳动拖累，用制度保障女性有足够的时间和精力发展职业，参与社会公共事务。有研究者提出，应当在国家政策目标中纳入平衡家庭与工作的矛盾，强调促进男女两性社会责任平等的同时也倡导家庭责任平等，同时借鉴国际经验，加快制定“父母育儿假”政策，让父亲更多参与儿童的抚养和教育。《人民日报》作为国家形象的“守门人”，就曾打破威严的常态面孔，呼吁全社会的爸爸们多带孩子，“没有推不掉的饭局，只有瞬间长大的娃”。正视家庭责任中的性别平等对女性参与培育和强化具有更重要的现实意义。

---

① 魏德胜：《从系统观的角度审视全球性问题》，《合肥工业大学学报（社会科学版）》2007年第4期。

② 王向贤：《亟需变革的家庭内社会再生产》，《山西师大学报（社会科学版）》2013年第3期。

二　完善保障女性全面参与的法律体系

依法治国是中国共产党领导人民治理国家的基本方略。完善保障妇女权益的法律体系，是推进全面依法治国的题中应有之义，是切实保障女性全面参与的保障系统。意识的改变缘于思想觉悟的提高，而思想觉悟的提高除了依靠理论的教化，更要与切身利益保障相结合，才更具效力。要充分培育广大妇女的公共参与意识，必须完善保障女性全面参与的法律体系，就是要在法律的制定、实施和监督中充分体现性别平等意识，尊重妇女主体地位，关注男女两性发展差距，将男女平等基本国策贯彻落实到社会主义法制建设的全过程。

首先，立法原则要体现性别平等，而不是简单地从权利保护谈起。要坚持科学立法，在编制立法规划、立法计划和立法调研中关注男女平等发展议题，准确把握男女平等的原则要求和妇女发展的客观实际。

《妇女权益保障法》是关于性别平等最重要的法律，这部法律基于女性权益保护的视角来保障女性平等权益的实现。在女性参与普遍处于弱势的情况，该法曾经发挥了一定的作用。然而，从实现两性平等参与的角度考察，《妇女权益保障法》的缺陷就是并未考量男性的平等参与，容易使大众片面理解，既不利于女性作为人的平等权利的规定与实现，也给男性带来一定的思考壁垒，以至于男性群体高估了女性的地位，被表面的平权假象所误导。事实上，有些保护性法律反而排斥了女性的地位，限制了女性的选择，加重了女性的依赖性，拉开了两性的差距，固化了原有的性别偏见。因此，我们的立法目标应该是性别平等，赋予女性更多的机会的选择权。

其次，改变现行法律的表述与机构设置，改变将妇女与儿童并列考虑的现状，通过法律条文引导人们改变“妇女的主要职责就是照顾儿童”的传统观念，真正维护女性的参与权利，而不是以保护女性为手段，达到保护儿童的目的。一方面，对女性保护的不宜更多放在保护的名义下，这不仅会从心理意识上强化女性“弱者”的身份，也会以保护的名义把女性的许多机会和权益屏蔽。另一方面，保护儿童是全社会的责任，是身为父母的夫妻双方应共同承担的义务，把妇女与儿童连带考虑虽然是考虑到目前哺育儿童的天然亲密，但是更久更长的抚养和教育是需要父亲同等参与的，过分强调母职会固化女性的家庭角色，不利于女性更多地参与公共领域的事务，同时也可能使更多的父亲在无意识中脱离家庭责任，不利于儿童心理更好地成长，也会在潜移默化中误导下一代的性别平等意识和参与意识。

最后，改进法律条款，消除歧视性内容，增加救济途径。法律法规的行文表述应该更加中性，用词要进行性别分析。比如在男女同龄退休问题上采取区别对待政策，到底是对女性的保护还是对女性的限制，保护性条款是否以牺牲女性更大的利益作为代价？再比如，《女职工劳动保护特别规定》中的许多地方用“可以”“应该”等字眼来规定企业的责任，显然是一种道德考量，没有上升到必须执行，否则就要承担相应法律责任。因此要增加法律条例中的法律责任部分，使“弹性”法变成“刚性”法，使其具有更好的约束力。

三 加强性别平等参与的监督机制

建立在公平参与基础上的制度必须严格遵守规则，确保正确执行，才能真正发挥制度建设在重塑社会性别秩序中的有效作用。因此，对制度公正的监督机制十分必要。

首先，加强人大和政协的监督作用。应当进一步加强全国及各级人大及其常委会对政府及法院、检察院贯彻落实男女平等基本国策和中国妇女纲要情况的监督，把女性全面参与中的根本性问题以及广大妇女群众最关心、最直接、最现实的利益问题作为重点，对执法检查中发现的问题重点监督。

全国人民代表大会等权力机关要通过备案、审查等制度对涉及性别平等的法律、法规和规章进行监督，从性别平等视角审视法律中是否存在性别歧视条款，分析是否存在表面中立、潜在性别歧视的内容，研究是否存在实施中可能造成对妇女发展不利后果的条款。如果存在，应按照法定程序进行修正、撤销或宣布无效。人民政协是由不同届别组成的爱国统一战线组织，在推动女性参与方面一直发挥着十分重要的作用。要充分利用政协委员代表联系面广泛的特点，密切联系各界群众，深入基层开展调查研究，通过各种形式监督关于性别平等的各项方针政策的落实情况，反映实际执行中存在的问题，发挥人民政协在协商民主中的渠道作用。

同时，各级人大、政协、民主党派和妇联等人民团体，还应当依据各自工作职责，监督法律执行。不仅重视《妇女权益保障法》等专门法律法规的执法检查，也要在其他涉及保障妇女权益法律法规的执法检查中关注男女平等参与的问题。比如，在《劳动合同法》《就业促进法》的执法检查中，应当关注劳动力市场上的就业性别歧视问题；在《土地承包法》的执法检查中，关注农村妇女土地权益状况；在《村民委员会组织法》的执法检查中，关注村委会成员和村民代表中的女性比例等情况。①

① 国务院妇女儿童工作委员会办公室编《男女平等基本国策的贯彻与落实》，人民出版社，2016，第37页。

其次，不断健全妇女参与发展的监测评估制度。探索建立专门的评估机制，将政府评估、专家评估和社会评估相结合，及时发现和解决执行中出现的问题。借鉴和推荐先进经验，探索实行性别统计、预算及审计制度。联合国开发计划署在1996年就提出了一系列性别平等发展的指数，以此衡量全球女性的公共参与程度和发展水平，并且将“性别发展指数”（GDI）[①] 和“性别赋权指数”（GEM）[②] 作为综合衡量指标，在全世界范围内进行排名。尤其是性别赋权指数用统一的具有普适性的性别文化准则来测量评估两性参与中的公平性。《2010人类发展报告》创新性地将性别不平等指数（GII）引入指标体系。性别不平等指数包括了受教育程度、经济和政治参与以及女性健康问题，并对国家层面的叠加不平等予以解释，可以更全面地考量女性的参与水平。

性别统计作为分析、研究经济社会发展变化的统计方法也具有促进意义。要逐步完善性别统计制度，建立妇女发展综合统计制度，规范妇女发展统计指标和分性别统计指标。建立国家和省（区、市）妇女状况监测体系、地区和部门综合统计报表和定期报送审评制度。目前，国务院妇女儿童工作委员会办公室已经在《中国妇女发展纲要（2011—2020年）》的编制、实施和监测评估中建立了妇女发展纲要监测评估机制，下发了妇女发展纲要监测评估指标体系。专门成立了两纲监测评估领导小组，下设监测组、评估组，对妇女发展纲要7个领域的47项指标进行年度统计监测，关注男女在社会经济发展中的平等收益情况，修订了妇女儿童状况综合统计制度，截至2013年

① 性别发展指数又被称为与性别相关的人文发展指数（HDI），主要从健康长寿的生活、知识、体面的生活水平三方面关注女性与男性在能力和成就方面的不平等状况。理想值等于1，测量值越接近1，两性的平等程度越高。

② 性别赋权指数是评估性别不平等程度的指标，主要用于测量两性的机会差距，更加关注两性能够积极参与经济和政治生活以及参与决策进程。差异越大，性别赋权指数值就越低。

年底，妇女儿童综合统计制度共有40多张统计报表、近500个统计指标，形成了较为全面反映妇女儿童状况的统计指标体系。[①] 各级行政机关可以通过监测指标评估是否贯彻了男女平等原则，是否规定了促进男女平等的积极措施，是否考虑了妇女的特殊需求，是否存在直接或间接的性别歧视内容，对发现的问题及时修正。

社会性别预算是在社会性别主流化过程中，通过分析公共预算对男女两性的不同影响，对公共预算做出社会性别敏感性回应，推动公共部门以更公平的方式分配资源，从而使公共预算满足不同群体的不同需求。社会性别预算的目标因各国国情不同而有差异，主要在于评估公共预算对男女两性的不同影响，是实现社会性别主流化和财政管理精细化的重要工具。

当前社会性别预算还没有纳入顶层设计，从最早2005年张家口市进行社会性别预算项目试点，到2009年焦作市启动财政主导型“社会性别反应预算”改革试点，到2010年温岭市采用“民主恳谈”形式的性别预算，我国的社会性别预算走过了“理论探索+试点推进”的“干中学”模式，目前已经进入攻坚阶段。[②] 社会性别预算是实现男女平等的一种重要工具和手段，意味着对公共预算做出基于社会性别的评价，将性别视角融入各个层面，通过社会性别预算对公共收支进行重构，对于推进性别平等、提升财政资金使用效益、促进公共服务均等化具有重要的现实意义与应用价值，有利于强化妇女群体的利益表达机制。

① 国务院妇女儿童工作委员会办公室编《男女平等基本国策的贯彻与落实》，人民出版社，2016，第146页。

② 马蔡琛等著《社会性别预算改革——方法、案例和应用》，经济科学出版社，2014，第76页。

第二节　社会引导：权利观念的强化

习近平总书记在纽约联合国总部出席并主持全球妇女峰会时的重要讲话，特别指出，要“努力构建和谐包容的社会文化”，“以男女平等为核心，打破有碍妇女发展的落后观念和陈规旧俗”，用先进的性别文化来引领“更加包容和更有活力”的社会文化发展，营造女性全面参与的舆论氛围，强化女性民主参与的权利观念。

“文化由结构和行为组成，通过证明某种价值观、期望、意义和行为模式的正当性，反映并维持某种社会秩序。”[①] 某一特定社会的性别文化从一系列的社会结构和行为中得到体现和推动。要建构先进的性别文化，需要我们在理论上和实践上同时推进，研究与宣传并重。

一　理论建构自主创新，“一体”与“两翼”结合

马克思说：“批判的武器当然不能代替武器的批判，物质力量只能用物质力量来摧毁。但是理论一经掌握群众，也会变成物质力量。理论只要说服人，就能掌握群众；而理论只要彻底，就能说服人。所谓彻底，就是抓住事物的根本。”[②] 伟大的实践必须有科学的理论指导，目前理论薄弱已经成为世界范围内妇女运动向纵深发展的瓶颈。我国的先进性别文化建设同样面临这样的问题。在性别研究兴起的三十年间，我们更多关注的是国际化和本土化的问题，理论也更多着眼

① 〔美〕朱丽亚·T. 伍德著《性别化的人生：传播、性别与文化》（第六版），徐俊、尚文鹏译，暨南大学出版社，2005，第 12 页。

② 《马克思恩格斯全集》（第 3 卷），人民出版社，2002，第 207 页。

于中观层面和微观层面，宏观层面的理论构建十分薄弱。对于重大的基本理论问题还没有建立框架性的言说体系，比如，妇女/性别研究的学科内涵，中国特色社会主义性别文化的科学界定，中国特色社会主义妇女理论体系的建构，等等，这些具有终极解释力的重型“批判武器”还没有被群众掌握。所以，理论创新是构建先进性别文化、落实性别公正的根本。

当前进行理论创新，“一体”与“两翼”必须紧密结合。所谓“一体”是指马克思主义妇女发展观，这是构建先进性别文化的指导思想。[①] 必须看到，中国的妇女解放理论是以解构马克思主义妇女解放理论为开端的，坚持马克思主义关于性别发展的立场、观点、方法，可以为我们构建先进性别文化提供方向性的指导，使我们在分析问题时兼顾理论与实践的统一、历史与现实的统一。所谓“两翼”是指中国的优秀文化传统和国外性别文化的优秀成果。先进性别文化的构建是以现有的性别文化的有效传承和有效积累为基础的。中国的传统文化是现实的土壤，中国妇女解放的本土实践和操作经验是我们理论创新的实践基础，社会主义女性主义中有值得我们继承的思想资源和有益实践，父权制的传统也是我们必须要面对的，而且从反面看父权制文化，其理论精髓——阴阳乾坤理论也体现了男女两性通过互补、合作达到和谐的思想。国外的性别文化以西方女性主义理论的影响最大，过去20年，我们在参考和借鉴的过程中，已经出现了“水土不服”“消化不良”的症状，但西方女性主义的问题意识和怀疑精神是我们要肯定的，她们对妇女在自我解放中的主体地位和作用是我

① 杨霞：《性别公正：先进性别文化的价值诉求》，《山西师大学报（社会科学版）》2013年第2期。

们要学习的。另外，当代国外性别文化对性别个体多样化主体价值的关注与认同也是值得我们借鉴的。

二　逐层推进大众文化，宣传与研究并重

我们要在大众文化领域推进性别公正，必须掌握文化领导权。按照意大利政治活动家、马克思主义理论家安东尼奥·葛兰西的提法，文化领导权的实质是通过非暴力的手段塑造社会各界的“普遍共识”，赢得大众对主导意识形态的“积极赞同”。文化领导权是经过广泛民主协商后形成的思想、文化、舆论领域的引领力量，是在市民社会和上层建筑领域运作的，各种民间自治组织、协会、学校和大众传媒等是领导者赢得文化领导权的关键领域。[①] 具体到先进性别文化建构，理论的研究至关重要，通过广泛的对话与宣传形塑社会各界的性别公正之“普遍共识”亦是当务之急。换言之，要真正实现性别文化对人们行为的调试、规范和引导作用，必须坚持研究与宣传并重、启蒙与发展并行的原则。

营造尊重妇女、促进男女平等的社会文化环境，需要综合运用干部培训、国民教育、媒体传播、社会宣传等方式，引导全社会树立男女平等的价值观，是性别公正成为人们社会生活的基本遵循，依法依德消除一切形式的性别歧视。

首先，要加强对领导干部男女平等基本国策教育培训。在出台法律、制定政策、编制规划和部署工作中贯彻落实男女平等基本国策，保障女性的全面参与，需要通过教育培训，切实增强领导干部的责任意识、主体意识以及认知水平，在工作生活中示范引领、自觉践行男

① 陶东风：《文化凝聚力与文化领导权》，《民主与科学》2011 年第 6 期。

女平等价值观，提高贯彻落实男女平等基本国策的领导力和执行力。男女平等基本国策具有科学的理论体系和丰富的时代内涵，学习把握男女平等基本国策，认真实践男女平等基本国策是领导干部教育培训的重要内容。面向领导干部开展男女平等基本国策的宣传培训，就是要使各级领导干部全面掌握男女平等理念、内涵与要求，全面提高性别平等意识，全面增强自觉践行国策的积极性、主动性和能动性，坚持把妇女全面参与发展定位在协调推进“四个全面”的战略布局中思考与谋划，坚持把妇女全面发展与经济社会健康发展同步规划、同步推进，坚持在制定政策和做出决策时自觉把社会性别意识纳入决策主流。领导干部以身作则、身体力行男女平等基本国策对事关妇女发展和权益保障的政策决策都会产生重要影响，对营造良好的社会环境会起到引领作用。

其次，要在全社会营造男女平等的先进性别文化氛围。传播是构建社会性别文化的主要行为，我们人人都在传播中交流传递性别观念，并努力说明参与就是男性和女性正当、合理的行为。社会认可的性别意义通过社会公共机构得到传播。我们要更加广泛深入地宣传男女平等基本国策，促进性别平等的社会文化建设，创造健康安全的自然环境，倡导平等和谐的文明家风，为两性的平等参与和谐发展创造良好条件。一方面要通过政策宣讲积极营造尊重妇女和两性平等发展的社会环境。各级党政部门、妇联组织及其他社会组织通过宣传倡导、教育培训等多种形式，全方位、多渠道宣传男女平等基本国策。另一方面要加强传媒的正面引导和管理，建立传媒监管机制，培训媒体从业人员，提高性别平等意识，构建先进性别文化体系。

当然，性别文化的传播是有层次的，性别研究领域的专家、学者无疑是性别文化的建构者，也是传播的主体。我们不仅要把性别公正的先进性别理论通过学科建设，向主流学术领域推进，向高等教育体制内部推进，促使性别公正纳入政府的决策主流，还要唤起基层的妇女大众的性别意识觉醒，增强她们的主体意识。

第三节　学校教育：公民身份的建构

女性公共参与意识培育是公民身份建构的有机组成部分之一。学校教育作为完整的影响学生思想意识的主要活动，在公民身份的建构中有决定性的意义。北京大学第一任校长蔡元培先生在20世纪初即提出“国民教育以养成共和之健全人格为基本方针”。可见，学校教育在学生独立之精神中的重要形塑作用。在学校里，我们不仅学习各种科目的课程，而且了解我们自己的身份和地位。男女生在学校扮演的角色以及别人对待他们的方式说明了社会系统是如何运作的，学校体现了社会对性别的理解。因此重塑性别文化，形塑平等参与的公民意识的基础性工程就必须融入学校教育过程，通过性别教育树立平等的、道德的、科学的、积极的性别观念，塑造主动、平等的公共参与意识。而这样的性别教育不只限于口头的灌输，更加强调观念的渗透和榜样的示范，并且教育对象是所有的男生和女生，使男女两性都树立平等参与的观念，男生承认女生同等的参与机会、同样的参与能力，而不是单方面教育女生要有“四自”精神。

一　基础教育中的平等参与观念养成

通过学校教育培养青少年的男女平等意识和观念，是贯彻落实男女平等基本国策的长远之举。基础教育阶段是公民意识的养成时期，也是性别平等意识形成的关键时期，在这个时期学校教育中的“显性课程”和“隐性课程”共同作用影响了青少年的性别参与观念发展。

目前我国基础教育中的性别教育的现状令人担忧。从课程内容来讲，对女性及其经历、贡献和观念反映不全面、不充分，存在贬低女性公共参与的倾向。比如教材中对男女分工多数停留在“爸爸在读报，妈妈在洒扫”的层次，童话故事中的男性总是主宰者、拯救者，而女性多是温顺柔弱的被拯救者，对女性优秀人物的呈现还存在刻板印象，对诸如老一辈无产阶级革命家邓颖超的描述还更多侧重于“缝睡衣”“送雨衣”之类的琐事，没有对其在革命建设中的重大参与贡献进行正面呈现。类似教材设计中的性别偏见潜移默化地影响学生，造成学生性别概念的潜意识偏差。

从课程实施来看，承担直接教育执行者的一线师资配置中女性占据了绝对主导的位置，尤其在幼儿教育阶段更为明显，造成男生“性别气质缺失”的不良榜样引导。

为此，基础教育的课程设计和课程实施要以公正包容的性别观念为指导，帮助青少年从小树立两性平等参与和谐发展的思想观念，避免造成性别刻板印象。落实2011—2020年中国妇女发展纲要提出的“性别平等原则和理念在各级各类教育课程标准及教学过程中得到充分体现”的目标要求，在中小学教育中积极推进性别平等教育进学校、进教材、进课堂，促进男女平等价值观在少年儿童的心中落地生根。

具体来讲，要做好以下几方面的调整。

首先，在课程设计中树立性别观念主流化的指导思想。无论是课程内容的选取，还是课堂教学环节和课外实践活动的设计都尽量剔除性别偏见的不合理成分，使女生获得更多的锻炼机会，发挥她们的主体性，站在公正的视角上对学生进行性别平等的意识启蒙。要因地制宜设置专门课程，开设活动课程，开发校本课程，大力推荐性别平等教育进课堂，以正确理念和科学方法向学生传授性别平等知识、培养性别平等观念。要认真组织编写性别平等教育指导大纲和专门教材，编写通俗生动的性别平等教育教参读本，注重在教材内容选择、插图安排、封面设计等方面体现性别平等内容，有意识地传递性别平等的文化信息。

其次，在师资配置上，打破性别隔离的现状，切实将性别平等教育师资队伍建设摆上重要位置。一方面，培育专业授课教师，提高性别平等教育的专业性、科学性、系统性；另一方面，调整师资性别结构，更多增加男性教师的参与机会，尤其以提高工资待遇、纠正社会舆论为手段，吸引男性加入幼儿教师、小学教师的行列。男性教师的加入会为学生性别意识平衡发展创造可能，教育引导少年儿童树立性别平等的思想、文化和行为习惯，为社会性别文化的重塑打下基础。

最后，要引导各学科教师普遍增强性别平等意识，在所有的教育教学过程中自觉关注性别平等议题，科学阐释性别平等原理，正确引导性别平等行为。引导教师正视男女的性别特征差异，改变传统的单一、无性别的应试教育。只有当中小学教育真正面向少年儿童，以少年儿童的健康成长为目标，把性别教育、性格培养作为考察指标时，学校的性别平等教育才能得以发展，才能形成性别平等参与的社会氛围和文化环境。

二　高等教育中的平等参与意识培育

高等教育阶段是青年社会性别意识形成的重要阶段。高等教育中的性别教育对形成正确的性别观念至关重要。目前高校教育中普适性的性别教育缺失，性别教育大多限于少数专业课程，缺乏正确引导学生性别观念的常规渠道和课程体系。高校思想政治教育是对高校学生进行全面的思想教育的重要途径，既有全面、系统的课程体系，又通过社团活动、网络宣传贯穿于学生的整个学习、生活空间，把社会性别教育融入高校思想政治教育的全过程不仅是必需的，而且是可能的。关注社会性别教育是现代思想政治教育本质的要求、现代思想政治教育价值的体现、现代思想政治教育发展的需要。①

高校思想政治教育引导社会性别教育的正确方向。高校思想政治教育具有严格的社会主义意识形态性，是引导青年学生树立正确的人生观、世界观和价值观的重要阵地，把社会性别教育融入其中，可以从宏观视角对社会性别教育进行规定和导向，避免偏离主流，甚至误入歧途。在“互联网＋”时代的今天，如何在与互联网的博弈中化解青年学生的性别角色困惑，引导青年学生树立独立自主、自强不息、乐于参与、勇于担当的民主参与观念比以前面临更多挑战。不仅要求高校能把握正确方向，内容上以科学的、社会主流价值观为导向，而且必须全方位地与时俱进，创新传播形式，坚持“以人为本”，并且“寓教于乐”，在大众舆论环境的鱼龙混杂中占领科学性别观念的高地。在多元性别文化的背景下，青年学生不免受到传统性别观念的冲击，社会舆论对“干得好不如嫁得好”的渲染经常考验着女性要不要回家的底线，

① 段舒颀、赵安民：《思想政治教育视域下的社会性别教育探究》，《社科纵横》2014 年第 3 期。

公共参与环境的层层壁垒也无形中挤压着女性的参与意识，高校思想政治教育有责任引导青年学生学会甄别不同的性别观点和价值取向，赋予她们辨识真相的火眼金睛，不被社会上的乱象所迷惑，保持自强、自立、自尊、自爱的精神风貌。同时，社会性别教育的方式一定要避免传统的说教和灌输，立意应当放在人格教育和性别和谐发展的层面，面向全体学生，帮助男生和女生树立起正确的性别观念和高尚的性别道德，打破性别刻板印象，让男生女生都客观公正地看到两性的性别价值，彼此更多理解和认同，从而达到更多现实中的平等。

第四节　家庭熏陶：参与意识的启蒙

“家庭是性别存在的关键，使得人类代代得以繁衍延续。”[①] 米德的符号互动论告诉我们，家庭成长经历对一个人会产生深刻的影响，尽管随着生活的变迁、阅历的增长，人的性格会有所变化，但是幼年在家庭中形成的自我认知、性别认识、民主观念等具有相对的稳定性。

男女平等参与意识和观念的养成，要从娃娃抓起。家庭中的平等参与观念包括公开的教导和不经意间的交流。相对于学校系统的正式的观念灌输，家庭对个体的意识启蒙更加具有渗透性，是通过无意识层面的心理活动长期耳濡目染的熏陶完成的。儿童通过家庭生活中的交往方式、性别分工获得自我意识和身份认同。研究表明，女孩子女

① 〔美〕朱丽亚·T. 伍德著《性别化的人生：传播、性别与文化》（第六版），徐俊、尚文鹏译，暨南大学出版社，2005，第116页。

性身份的形成得益于与他人建立起的私人的持续关系。她们一生都在不断寻求建立亲密的关系，并且重视与他人的交流。而男孩从与母亲的最初关系中脱离出来，开始确立自己的男性身份。他们喜欢与伙伴一起做某项活动，而且他们的伙伴也经常变换。[①] 这就意味着，男性在确立性别身份时已经具有更多的公共参与性，他们更愿意脱离家庭亲密关系，在与外部世界的互动中建构男性气质。

家庭关系中的决策模式对儿童平等参与观念的形成具有潜移默化的影响。根据全国妇联和国家统计局 2010 年第三期中国妇女社会地位调查数据，在家庭领域，女性决定个人事务的自主性有所提高，两性在家庭重大事务决策上更为平等，男女共同分担家务的观念得到更多认同。85.2% 的女性对自己的家庭地位表示满意或很满意，男性的相应比例为 89.3%，但是城乡之间、区域之间、群体之间妇女发展不平衡，性别歧视现象在一定程度上存在。女性家务劳动负担仍然较重，许多职业女性仍然处于事业和家庭两难境地。在婚姻生活中遭受过配偶不同形式家庭暴力的女性占 24.7%，其中明确表示遭受过配偶殴打的农村已婚女性为 7.8%，城镇女性为 3.1%。[②] 可以看到，要改变传统的家庭观念还有赖于整个社会文化的发展更新。

我国农村人口众多，大部分的妇女儿童在农村。随着工业化、城镇化的加快推进，流动妇女和儿童大量增加，留守妇女和儿童人数众多。据有关资料，截至 2010 年年底，全国有 4700 万留守妇女、5800 万留守儿童。留守妇女独自照顾家庭，负担重，压力大，留守儿童

---

① 〔美〕朱丽亚·T. 伍德著《性别化的人生：传播、性别与文化》（第六版），徐俊、尚文鹏译，暨南大学出版社，2005，第 120 页。

② 第三期中国妇女社会地位调查课题组：《第三期中国妇女社会地位调查主要数据报告》，《妇女研究论丛》2011 年第 6 期。

缺乏父母双方的关爱，感受不到正常家庭生活，对儿童的身心发育非常不利。婚内单亲的抚养方式会给儿童的参与意识烙上深刻的不平等烙印，父亲榜样作用的缺失也不利于儿童的主动精神、独立性的培养。

父母的榜样作用以及对孩子的平等观念的灌输是形塑儿童参与意识的重要途径。小到玩具的选择、家务的分工，大到对儿女成就的期望，刻板化的性别分工都在家庭中被强化。父母的性别参与偏见影响到孩子成长过程中对参与的认知。父母因儿童性别不同而采取的不同的教养态度、教育方式会受到传统的性别观念和社会风俗习惯的影响。如果父母的性别观念很传统，认为“男主外，女主内”是必需的性别秩序，那么儿童通常也比较保守，女孩子的公共参与意识可能从小就被压抑。因此，家庭教育中应当渗透性别平等意识和参与意识，鼓励女孩子突破传统刻板印象，自我管理、自我探索、自我负责，在实践锻炼中逐渐从心理上摆脱对家人的依赖，建立起相应的责任感。

家庭教育是一项复杂的系统工程。新时代以来，习近平总书记多次就“注重家庭、注重家教、注重家风”做出重要指示，强调“无论时代如何变化，无论经济社会如何发展，对一个社会来说，家庭的社会功能都不可替代，家庭的文明作用都不可替代”，充分体现出对家庭教育的高度重视，也为家庭文明教育提供了根本遵循。近年来，全国政协、全国妇联围绕家庭、家教、家风建设做了大量工作，要做好这项工作，必须进一步强化家庭的主体责任，同时发挥好党和政府的引导作用，构建政府引导、部门联动、家庭尽责、社会参与的工作格局。要坚持目标导向、问题导向、效果导向相统一，在推进相关法治建设上下功夫，在完善家庭教育指导服务上下功夫，在把社会主义核心价值观融入家风建设中下功夫，在加强舆论引导上下功夫，使平等参与、和谐发展的理念在家庭里生根、在亲情中升华，使家庭文明蔚然成风，使千千万万个家庭成为国家发展、民族进步、社会和谐的重要基点。

总之，家庭是社会最基本的组织单元，是人生的第一所学校，父母是孩子性别平等意识的启蒙老师，平等参与意识的最初模板都是在家庭中形塑的。家庭中平等的性别导向是孩子性别意识启蒙的首要因素。为此，必须倡导科学的家庭性别教育，在言传身教中对孩子进行平等观念的启蒙。

第五节　主体作为：自我意识的建构

“社会革命将并不仅仅依靠食物的力量来实现，它要依靠意识和意志的活力。”[①] 任何权利的实现，都仰赖于理念和思想，都需要主体强烈的自我意识和内驱力。妇女参与的实现更是如此。只有女性群体树立起主体意识，具有自我意识，共同从深层次面对存在的问题，才有真正实现全面参与的可能。

心理学认为，自我意识是个体意识发展的高级阶段，是意识的核心部分。自我意识就是个体自己对自己的认识，具体包括认识自己的生理状况（如身高、体态等）、心理体征（如兴趣、能力、性格等），以及自己与他人的关系（如自己与周围人们的相处关系）。[②] 自我意识是个体活动的觉察者、发动者和调解者，包括自我观察、自我监

① 转引自王养冲《十八世纪法国的启蒙运动》，《历史研究》1984 年第 2 期。

② 罗慧兰主编《女性心理学》，湖南大学出版社，2014，第 93 页。

督、自我评价、自我体验、自我控制、自我教育等形式。正是由于人具有了自我意识，才能使自己的思想和行为进行自我控制和调节。

女性的自我意识是女性对自我的全面认识，是女性独立人格的重要因素。乔以钢教授从传统文化影响的角度对女性主体意识失落进行考察，认为女性意识可以从两个层面上理解，一是以女性的眼光洞悉自我，确定自身本质、生命意义及在社会中的地位；二是从女性立场出发审视外部世界，并对其赋予女性生命特色的理解和把握。[①] 石红梅对于女性的自我意识及其影响因素进行调查分析，认为自我的意识，包括个体对自身的意识和对自身与他人关系的意识两大部分。女性的自我意识在认识人我关系时特别注重男女关系。女性自我意识包含四个相互关联的层面：自立意识，自我评级能力，自我感受，性别意识。另外，经过多元线性回归分析发现，女性的受教育年限、法制政治观念、母亲受教育程度与其自我意识呈正相关。[②]

中国共产党一直提倡的“自尊、自信、自立、自强”之“四自”精神就是对女性自我意识的高度浓缩。自尊是“四自”精神的基石，也是女性人格的基础。长期以来，由于传统文化的影响，依赖、被动、柔弱成为女性人格特质的内涵。由于社会对女性的角色期待，男性更多被定位在“事业心、责任感、社会参与”，女性更被认为要“相夫教子、勤于家政、甘于从属和服从”，严重制约和压抑女性才能和潜能的发挥，限制甚至阻碍了她们在更广泛领域参与并获得更高水平的自尊。在自我认可的基础上才有自信，从而能够自立，具备独立的人格。具体说就是，女性能够自觉地意识并履行自己的历史使

① 余卉：《当代女大学生现代女性意识的缺失及其培养》，《当代高教高职研究》2010年第12期。

② 石红梅：《女性的自我意识及其影响因素》，《市场与人口分析》2007年第13期。

命、社会责任、人生义务，并以独特的方式参与对自然与社会的改造，肯定和实现自己的需要和价值的意识。[①]“自强”是自我意识的高级阶段，就是说，不仅仅是参与了，还具有较高的参与效能感。易言之，具有成功意识，敢于追求，勇于超越。总之，女性的自我意识在奋斗中逐步觉醒和发展。一旦觉醒，作为主体的人就会产生一种强大的内驱力和自我意识，个性解放，主体性张扬。这种主体意识的觉醒使主体具有更加明确的自我意识和存在感，清楚地认识自身的处境、过往的历史和未来的使命，充满斗志和希望。

纵观古今中外的伟大女性，哪一位不是凭着常人所不能企及的坚韧、执着奋发图强，才成为各自领域的“风流人物”？在血雨腥风的革命岁月里，以向警予、宋庆龄、邓颖超等为代表的一批无产阶级革命家，都是抱着坚定的革命信念、强大的革命意志，以极大的革命热情参与到革命中，奋斗不息，为女性的解放和革命的胜利做出了卓越的贡献。在百废待兴的新中国，以林巧稚、何慧泽、谢希德为代表的女性科技工作者，也是在落后的自然条件和科研条件下，凭着执着的科学精神做出了震惊世界的巨大成果。改革开放以来，以董明珠、陶碧华等为代表的女企业家们，以高度的精神自觉在摸着石头过河的时代，与时俱进，积极探索，打造出属于女性的精彩世界。还有举世瞩目的“铁姑娘”郭凤莲，时移世易，她并没有满足于农业学大寨时的政治风光，而是紧扣时代节奏，带领全公社人民走上了转型发展的新道路。由此可见，女性能把自己提高到什么样的程度，她就能获得多大的自由和解放，就能主动参与到更广阔的领域，大有作为。

---

① 董春：《西方女性主义对现代教育的批评》，《教书育人》2002 年第 6 期。

女性通过个体素质的提高建构自我意识，个体素质越高，自我意识越强，她们的参与程度和参与水平就越高。个体素质的水平直接关系到其公共参与的层级和水平。这里的素质主要指思想素质和科学文化素质。而无论是思想素质的提升，还是科学文化水平的提高，女性的毅力和勤奋努力都是内因，社会支持系统的保障也必不可少。自媒体作为当下大众媒体最新的媒介形态和最活跃的公众参与渠道，在形塑社会文化、影响社会舆论、推动社会发展进程中的作用愈加凸显。近年来，女性通过自媒体表达意愿和主张权利，进而影响公共决策的参与行为，越来越受到关注。自媒体“受众制造”的传播特点为女性全面参与提供了可能，但如何运用机制化的运作赋予女性参与更大的能动性，把潜在的参与可能转变为实际的参与行为，增强女性参与的实际效果，“促进女性与媒体的协调发展”，已经成为亟待解决的综合性问题。一项“中国女性高科技人才成长规律与开发利用”的调查研究表明，女性高科技人才认为亟待改善的发展条件突出表现为建立良好合作的工作团队，建立公平合理、客观的评价、晋升机制，提供优厚的薪酬和福利待遇。[①] 得到家庭成员的理解和支持，给女性同等的发展机会，在团队中委以重任，营造宽松的组织环境，如此等等，女性才能更好地自我塑造、自我提升，形成主动参与的思想境界和文化素养，才有可能自由而全面地参与到中国特色社会主义建设中去。

① 张丽琍、侯典牧：《杰出女性成长规律研究》，北京师范大学出版社，2014，第 101 页。

结　语

女性的公共参与意识是女性公民意识的重要内容。转变女性的思想观念，提高女性的思想觉悟，完善女性的品质，优化女性的思维结构，促进女性的身心健康，都是女性思想政治教育工作的内容构成。在我国当下价值争论和文化多元的背景下，研究女性的公共参与意识培育是深入倡导社会主义核心价值体系、全面建设法治社会的重要议题。

中国共产党从诞生之日起，就非常重视妇女工作，把培养和提高女性参与意识作为党的思想政治工作的基本内容和重要环节。党在领导全国人民进行革命、建设和改革的过程中，注重把马克思主义妇女观的基本原理同中国革命、建设、改革的实际相结合，坚持用马克思主义基本原理，用中国特色社会主义妇女理论，用党的纲领、路线、方针、政策来引导和调动女性公共参与意识的发展，激发和调动广大妇女全面参与社会主义革命、建设和改革的积极性、主动性和创造性，取得了历史性的突破。无论是新民主主义革命时期把女性参与意识培育和反帝反封建的民族运动相结合的历史选择，社会主义革命和建设时期用男女平等的社会制度来确立女性公共参与意识的必要性，还是改革开放以来在探索和磨合中真正唤起集主体意识和自我意识于一体的参与意识全面觉醒，都是党在特殊的历史条件下对女性思想政治教育工作的积极探索。

中国梦是国家的梦、民族的梦，也是每个中国人的梦、每个妇女的梦，包含了妇女解放和发展的目标和内容。面对当下经济全球化、政治多极化和文化多元化的现实境遇，女性公共参与意识培育面临更多的现实困境，也给我党的妇女工作和思想政治教育提出了新问题、新挑战。妇女作为推动社会发展和自身解放的主体力量，在为实现中国梦而努力奋斗的征途上，要不断增强责任感和使命感，充分发挥积极性、主动性和创造性，全面参与中国特色社会主义建设和妇女运动伟大实践，用时代新女性的精神风貌和实际行动诠释“自尊、自信、自立、自强”的“四自”精神。党和政府号召全社会广泛参加，以马克思主义妇女理论为指导，以习近平主持全球妇女峰会时所提出的四个方面为行动指南，推动妇女和经济社会同步发展，积极保障妇女权益，努力构建和谐包容的社会文化，创造有利于妇女发展的国际环境，形成强大的合力，共同推动妇女进步，助推经济社会发展，进而早日实现全面建成小康社会的奋斗目标。

主要参考文献

一　经典文献类

《马克思恩格斯文集》（第1—5、10卷），人民出版社，2009。

《马克思恩格斯选集》（第1、3卷），人民出版社，1995，2012。

《马克思恩格斯全集》（第3、17、25卷），人民出版社，2002，1972，2001。

《列宁全集》（第29、35、36卷），人民出版社，1985。

《列宁全集》（第37、38、40卷），人民出版社，1986。

《毛泽东文集》（第1、2卷），人民出版社，1993。

《毛泽东文集》（第6卷），人民出版社，1999。

《毛泽东选集》（第4卷），人民出版社，1991年第2版。

《毛泽东周恩来刘少奇朱德论妇女解放》，人民出版社，1988。

《刘少奇选集》（上卷），人民出版社，1981。

《江泽民文选》（第1卷），人民出版社，2006。

《江泽民文选》（第3卷），人民出版社，2006。

中央档案馆编《中共中央文件选集》第4册（1928），中共中央党校出版社，1989。

中央档案馆编《中共中央文件选集》第11册（1939—1941），中共中央党校出版社，1986。

中共中央文献研究室编《建国以来重要文献选编》（第7册），中央文献出版社，1993。

二　专著类

张耀灿、陈万柏：《思想政治教育学原理》，高等教育出版社，2001。

张耀灿主编《中国共产党思想政治教育史论》，高等教育出版社，2006。

孙其昂：《思想政治教育学前沿研究》，人民出版社，2013。

本书编写组：《马克思主义哲学》，高等教育出版社、人民出版社，2009。

吕艳华：《思想政治教育公众参与研究》，中国文史出版社，2014。

杨威：《思想政治教育的社会学研究》，中国社会科学出版社，2014。

谢晓娟、王东红主编《多学科视角下的思想政治教育研究》，中国书籍出版社，2015。

李晓广：《当代中国性别政治与制度公共》，南京大学出版社，2011。

戴烽：《公共参与——场域视野下的观察》，商务印书馆，2010。

蔡定剑：《民主是一种现代生活》，社会科学文献出版社，2010。

秦树理、王东虓、陈垠亭：《公民意识读本》，郑州大学出版社，2008。

杨林香：《青年参与意识研究（1949—2014）》，社会科学文献出版社，2015。

王金玲主编《中国妇女发展报告 No. 5——妇女/社会性别学学科建设与发展》，社会科学文献出版社，2014。

毛寿龙：《政治社会学》，中国社会科学出版社，2001。

梁旭光：《民主政治进程与妇女参政》，济南出版社，2003。

陈琼：《现代国家建构与妇女公共参与——思想变迁的视角》，社会科学文献出版社，2011。

李静之、张心绪、丁娟：《马克思主义妇女观》，中国人民大学出版社，1991。

向警予：《向警予文集》，人民出版社，2011。

顾秀莲：《中国特色妇女发展之路》，人民出版社，2010。

王政、杜芳琴编《社会性别研究选译》，生活·读书·新知三联书店，1998。

顾秀莲主编《20世纪中国妇女运动史》（上卷），中国妇女出版社，2008。

顾秀莲主编《20世纪中国妇女运动史》（中卷），中国妇女出版社，2013。

顾秀莲主编《20世纪中国妇女运动史》（下卷），中国妇女出版社，2013。

彭珮云主编《中国特色社会主义妇女理论与实践》，人民出版社，2013。

李大钊：《李大钊文集》（上），人民出版社，1984。

李达：《李达文集》第1卷，人民出版社，1980。

中华全国妇女联合会妇女运动历史研究室编《五四时期妇女问题文选》，生活·读书·新知三联书店，1981。

中华全国妇女联合会妇女运动历史研究室编《中国妇女运动历

史资料》（1921—1927），人民出版社，1986。

中国妇女管理干部学院：《中国妇女运动文献资料汇编》（第一册）（1918—1949），中国妇女出版社，1987。

中华全国妇女联合会：《中国妇女运动重要文献》，人民出版社，1979。

当代中国农业合作化编撰室：《建国以来农业合作化史料汇编》（上册），中共党史出版社，1992，第174页。

中央档案馆编《中共中央文件选集（1939—1941）》，中共中央党校出版社，1986。

中华全国妇女联合会编《中国妇女运动历史资料》（1945—1949），中国妇女出版社，1991。

中华全国妇女联合会编《中国妇女运动史》（新民主主义时期），春秋出版社，1989。

中共中央党史研究室：《中国共产党历史（1949—1978）》（第2卷），中共党史出版社，2011。

中华全国妇女联合会妇女研究所、陕西省妇女联合研究室编《中国妇女统计资料（1949—1989）》，中国统计出版社，1991。

中华全国妇女联合会编《中国妇女运动百年大事记（1901—2000）》，中国妇女出版社，2003。

中国乡镇企业发展与农村妇女解放课题组编《半壁江山半边天——中国乡镇企业发展与农村妇女解放》，中共党史出版社，1996。

国务院妇女儿童工作委员会办公室编《男女平等基本国策的贯彻与落实》，人民出版社，2016。

全国妇联妇女研究所编著《当代中国妇女运动简史（1949—

2000)》，中国妇女出版社，2017，第238页。

李图强：《现代公共行政中的公民参与》，经济管理出版社，2004。

张念：《性别政治与国家》，商务印书馆，2014。

魏星河等：《当代中国公民有序政治参与研究》，人民出版社，2007。

《中国教育年鉴》编辑部编《中国教育年鉴（1949—1981）》，中国大百科全书出版社，1984。

罗琼主编《当代中国妇女》，当代中国出版社，1994。

中国妇女管理干部学院编《中国妇女运动文献资料汇编》（第2册），中国妇女出版社，1988，

程玮、周蓝岚：《女性心理学概论》，科学出版社，2015。

胡光宇：《中国：性别与发展》，人民出版社，2013。

谭琳主编《2006—2007年：中国性别平等与妇女发展报告》，社会科学文献出版社，2008。

国务院妇女儿童工作委员会办公室、国家统计局人口和社会科技统计司：《中国妇女儿童发展状况监测统计资料》，2005。

李兰芬主编《女性发展与城市性格》，黑龙江人民出版社，2010。

李小江等：《女性？主义——文化冲突与身份认同》，江苏人民出版社，2000。

胡玉坤：《社会性别与生态文明》，社会科学文献出版社，2013。

刘人锋：《中国妇女报刊史研究》，中国社会科学出版社，2012。

李小江：《走向女人：新时期妇女研究纪实》，河南人民出版社，1995。

王政:《越界:跨文化女权主义实践》,天津人民出版社,2004。

李慧英主编《社会性别与公共政策》,当代中国出版社,2002。

全国妇联妇女研究所理论室:《妇女参政导论》,红旗出版社,1993。

王行娟:《中国妇女参政的行动》,海豚出版社,1995。

张丽琍、侯典牧:《杰出女性成长规律研究》,北京师范大学出版社,2014。

邱仁宗主编《女性主义哲学与公共政策》,中国社会科学出版社,2004。

李英桃:《社会性别视角下的国际政治》,上海人民出版社,2003。

刘晓丽:《1950年的中国妇女》,山西教育出版社,2014。

金一虹、保剑:《多学科视野下的女性社会保障研究》,中山大学出版社,2011。

蒋永萍主编《社会转型中的中国妇女社会地位》,中国妇女出版社,2006。

马蔡琛等著《社会性别预算改革——方法、案例和应用》,经济科学出版社,2014。

〔加〕巴巴拉·阿内尔著《政治学与女性主义》,郭夏娟译,东方出版社,2005。

〔德〕托马斯·海贝勒、君特·舒耕德著《从群众到公民——中国的政治参与》,张文红译,中央编译出版社,2009。

〔美〕莉丝·沃格尔著《马克思主义与女性受压迫:趋向统一的理论》,虞晖译,高等教育出版社,2009。

〔美〕朱丽亚·T. 伍德著《性别化的人生:传播、性别与文化》

（第六版），徐俊、尚文鹏译，暨南大学出版社，2005。

〔法〕西蒙娜·德·波伏娃著《第二性》，陶铁柱译，中国书籍出版社，1998。

〔英〕玛丽·沃斯通克拉夫特著《女权辩护》，王蓁译，商务印书馆，2007。

〔英〕约翰·穆勒著《妇女的屈从地位》，汪溪译，商务印书馆，2007。

〔英〕丹尼斯·麦奎尔：《麦奎尔大众传播理论》（第四版），崔保国、李琨译，清华大学出版社，2006。

三　期刊类

衣俊卿：《现代性的维度及其当代命运》，《中国社会科学》2004年第4期。

陈庆云：《强化公共管理理念 推动公共管理社会化》，《中国行政管理》2002年第2期。

郑素娟、孟亚明：《公民社会视阈下推动女性公共参与的路径探索》，《兰州学刊》2011年第9期。

吴昕春：《公共选择与公民参与集体行动的动力》，《安徽大学学报（哲学社会科学版）》2002年第5期。

沙莲香：《北京人文环境与城市文化氛围》，《北京社会科学》2004年第3期。

杨霞：《女性期刊的社会性别意识管窥》，《出版发行研究》2010年第9期。

杨霞：《Gender理论传播过程中的“变异”与“融合”》，《现代传播》2015年第11期。

陈独秀：《警告青年》，《青年杂志》第1卷第1号。

向警予：《今后中国妇女的国民革命运动》，《妇女杂志》1924年第10卷第1号。

《坚持贯彻男女农民一起发动的方针》，《新中国妇女》1950年第14期。

全国总工会女工工作委员会：《城市妇女在就业等方面面临的新问题》，《工运研究》1988年第2期。

胡锦涛：《在纪念“三八”国际劳动妇女节100周年大会上的讲话》，《中国妇运》2010年第4期。

《新中国妇女》1949年创刊号。

第三期中国妇女社会地位调查课题组：《第三期中国妇女社会地位调查主要数据报告》，《妇女研究论丛》2011年第6期。

第二期中国妇女社会地位调查课题组：《第二期中国妇女社会地位调查主要数据报告》，《妇女研究论丛》2001年第5期。

谭琳：《论先进性别文化的构建》，《南开学报》2007年第2期。

陈慧平：《先进性别文化构建的哲学思考》，《山西师大学报（社会科学版）》2009年第5期。

杨霞、郭彩琴：《高校知识女性政治参与意识调查研究——基于山西省7所高校的调研》，《天津师范大学学报（社会科学版）》2015年第1期。

畅引婷：《当代中国的妇女研究与性别知识建构》，《学术月刊》2011年第9期。

畅引婷：《共和国见证者的生命足迹——以全国劳模申纪兰为中心》，《山西农业大学学报（社会科学版）》2018年第10期。

陶东风：《文化凝聚力与文化领导权》，《民主与科学》2011年第6期。

胡晓红：《性别教育是高校思想政治教育的生长点》，《云南民族大学学报》2010年第7期。

张耀灿、徐志远：《论现代思想政治教育的发展趋势》，《学校党建与思想政治教育》2003年第9期。

张恒、于国辉：《媒介注意力稀缺背景下的网络色情及其治理》，《东南传播》2012年第12期。

杨霞：《性别公正：先进性别文化的价值诉求》，《山西师大学报（社会科学版）》2013年第2期。

林聚任：《论中国科学的性别分化与性别隔离》，《科学学研究》2000年第1期。

王向贤：《亟需变革的家庭内社会再生产》，《山西师大学报（社会科学版）》2013年第3期。

刘伯红、张永英、李亚妮：《从工作与家庭的平衡看公共政策的改革与完善》，《中华女子学院学报》2010年第6期。

魏德胜：《从系统观的角度审视全球性问题》，《合肥工业大学学报（社会科学版）》2007年第4期。

张志永：《女权的缺位：大跃进时期华北农村男女平等的悖论》，《江苏社会科学》2011年第1期。

李小江：《50年，我们走到了哪里？——中国妇女解放与发展历程回顾》，《浙江学刊》2000年第1期。

王政：《“女性意识”、“社会性别意识”辨异》，《妇女研究论丛》1997年第1期。

王瑞鸿：《从男性中心到男女两性中心——对“社会性别意识纳入决策主流”的批判性分析》，《华东理工大学学报（社会科学版）》

2004 年第 4 期。

丁小萍：《从形式平等走向实质平等——我国妇女法的社会性别分析》，《浙江学刊》2007 年第 3 期。

朱永新：《现代女性与和谐社会的构建》，《苏州大学学报（哲学社会科学版）》2007 年第 3 期。

王养冲：《十八世纪法国的启蒙运动》，《历史研究》1984 年第 2 期。

段舒颀、赵安民：《思想政治教育视域下的社会性别教育探究》，《社科纵横》2014 年第 3 期。

杨霞：《新媒体视域下的女性形象呈现与话语建构》，《现代传播》2017 年第 9 期。

江澄：《微博中女性话语权表达的现状与展望——以新浪微博“名人影响力”为例》，《东南传播》2013 年第 7 期。

《传媒沙龙：媒体概念之我见》，《中国传媒科技》2009 年第 1 期。

畅引婷、杨霞：《在个人与政治之间——邓颖超的革命经历与女性主体意识建构》，《妇女研究论丛》2016 年第 2 期。

畅引婷、杨霞：《记录历史·交流信息·传播理念——对〈妇女研究论丛〉学术会议综述的评述》，《妇女研究论丛》2012 年第 2 期。

四　学位论文类

牛天秀：《性别正义视阈下当代中国女性参政研究》，南京师范大学博士学位论文，2013。

白艳：《中国共产党妇女干部培养教育研究》，吉林大学博士学位论文，2012。

杨征征：《马克思恩格斯女性权益保护理论研究》，苏州大学博士学位论文，2013。

郑蕊：《当代中国女性政治参与意识研究》，黑龙江省社会科学研究院硕士学位论文，2011。

师凤莲：《社会性别视角下当代中国女性政治参与问题研究》，山东大学博士学位论文，2010。

李丹：《马克思主义妇女解放理论研究》，哈尔滨师范大学博士学位论文，2011。

史界：《新时期中国妇女解放理论与实践研究》，新疆大学博士学位论文，2012。

康丹：《马克思恩格斯妇女解放思想研究》，武汉大学博士学位论文，2014。

韩贺南：《新时期中国共产党妇女理论与实践探索》，东北师范大学博士学位论文，2014。

五　报纸类：

《纪念“三八”国际劳动妇女节100周年大会在北京举行》，《人民日报》2010年3月8日。

习近平：《在妇女与可持续发展国际论坛开幕式上的致辞》，《人民日报》2011年11月9日。

《坚持男女平等基本国策 发挥我国妇女伟大作用》，《人民日报》2013年11月1日。

俞可平：《公民参与的几个理论问题》，《学习时报》2006年12月18日。

江泽民：《在联合国第四次世界妇女大会欢迎仪式上的讲话》，《人民日报》1995年9月5日。

畅引婷：《“此次革命，女界亦与有功”——辛亥革命与妇女解放（上）》，《中国妇女报》2011 年 10 月 10 日。

畅引婷：《同志仍须努力——辛亥革命与妇女解放（下）》，《中国妇女报》2011 年 10 月 11 日。

《创造财富改造自我——中国农村妇女在农村改革发展中的进步与贡献》，《中国妇女报》1999 年 11 月 24 日。

蔡文之：《社会性别与女性人才发展》，《光明日报》2009 年 8 月 20 日。

六　主要参考网站

人民网 http：//www. people. com. cn/。

中国妇女研究网 http：//www. wsic. ac. cn/。

中华女性网 http：//www. china - woman. com/。

中国妇女网 http：//www. women. org. cn/。

妇女/社会性别学学科发展网络 http：//www. chinagender. oig/sky/index. php。

后　记

这本书是在我的博士论文基础上修改完成的。2016 年博士毕业，至今已有三年。老实说，可能是我本身是编辑的原因，我对论文一直不甚满意，所以缺乏足够的自信将之付梓。直到 2018 年获批国家社会科学基金项目，我才找到些许研究自信。我想是时候对从前的摸索做一个小结了，所以本书既是对博士阶段学习的回顾与总结，也是我的国家社会科学基金项目的研究基础。正是得益于本书对中国特色社会主义妇女思想和实践的整体性探索，我对“基于自媒体的女性参与赋能机制”这一研究课题的论证才具有了相对广阔的研究视野和较为扎实的理论根基。

回想读博时的“峥嵘岁月”，无论是考博时屡战屡败、屡败屡战的思想折磨，学习时千里奔波、舍业别子的精神煎熬，还是论文写作时殚精竭虑、艰难困苦的心智磨砺，都是一种历练、一种修行。学业的长进是被逼出来的显性成果，而心灵的开悟和意志的锻造却是受用终生的最宝贵的精神财富。

在本书即将付梓之际，要感谢的人实在太多。

首先必须隆重而热烈地感谢我的导师郭彩琴教授。学术会议中的一次邂逅让我和郭老师结缘，不需要太多的语言交流，我们自然而然成了彼此信任的朋友。读博期间，郭老师不仅在学业上给予我悉心的指导和帮助，引领我拓展学术视野，指点我申报科研项目，教导我撰写毕业论文，在生活上也关怀备至。最令我感动的是，郭老师特别体谅我这样处于学业、工作、家庭三位一体交织环绕中的女学生，给我充分选择的自由，容我在有限的时间和空间里跟着自己的心意走。郭老师用她宽容豁达的人生气度、平易近人的处事风格和严谨执着的治学态度诠释了新时代“女”与“人”完美统一的女性风范。同时感谢儒雅风趣的师公袁建新先生、聪明可人的欢欢小妹妹，是你们让我在离家千里的苏州大学时时感受到家的温馨与和谐。还要感谢苏州大学马克思主义学院的授业导师，感谢导师们以谦和高尚的思想品格、睿智高深的学术造诣带给我思想启迪和人生思考。

其次要特别感谢畅引婷编审。畅老师是我亦师亦友亦领导的大闺蜜，担任《山西师大学报（社会科学版）》主编多年，现在依然退而不休，在尽享天伦之乐的同时兼顾她所钟爱的妇女研究事业。我们之间持续的日常思想碰撞，催生了我研究当中的小火花，遗憾的是我学术功底有限，许多昙花一现的小灵感多数都化为思想白描，没能诉诸笔端，形成文本。本书的选题也是在参与畅老师国家社科基金项目——妇女解放路径的中国特色研究——中酝酿生成的。书稿修改阶段，畅老师以其多年从事妇女研究的深厚积淀和学术经验对本书的言说视角给予了精到而具体的指导，在此致以由衷的敬意和真诚的感激！

感恩我的家人，每每在艰难时刻为我挡风遮雨，撑起一片天，并且带给我不断前进的信心和勇气，激励至今。

本书的最终面世，还要感谢山西师范大学马克思主义学院的支持，感谢社会科学文献出版社的信任。责任编辑宋静女士严谨、认真的高质量工作为书稿增色不少。看到书稿一次次的校对和完善，封面设计一次次修改和微调，身为编辑的我特别能体会编辑的用心和专业，衷心感谢宋静女士为本书付出的心血和努力。

本书是我的第一本专著，虽然几经修改和完善，但由于研究水平和精力的局限，在研究内容、研究方法和行文表达上难免存在诸多疏漏之处，敬请各位读者批评指正。希望课题结题之时我能做出值得期待的成果，为本书点到为止的一些问题找到较为满意的答案。

杨　霞

2019 年 9 月于古都平阳

图书在版编目(CIP)数据

当代中国女性公共参与意识培育 / 杨霞著. --北京：社会科学文献出版社，2019.10

ISBN 978-7-5201-5351-5

Ⅰ.①当… Ⅱ.①杨… Ⅲ.①妇女-参与管理-研究-中国-现代 Ⅳ.①D442.6

中国版本图书馆CIP数据核字（2019）第171859号

当代中国女性公共参与意识培育

著　　者 / 杨　霞

出 版 人 / 谢寿光
责任编辑 / 宋　静

出　　版 / 社会科学文献出版社 · 皮书出版分社（010）59367127
地址：北京市北三环中路甲29号院华龙大厦　邮编：100029
网址：www.ssap.com.cn
发　　行 / 市场营销中心（010）59367081　59367083
印　　装 / 三河市尚艺印装有限公司

规　　格 / 开 本：787mm×1092mm　1/16
印 张：14.75　字 数：184千字
版　　次 / 2019年10月第1版　2019年10月第1次印刷
书　　号 / ISBN 978-7-5201-5351-5
定　　价 / 79.00元